POLYGLOTT on tour

Venedig

W0083259

Die Autorin
Gudrun Raether-Klünker

Unser E-Book-Code zur elektronischen Erweiterung des POLYGLOTT on tour. Das kostenlose E-Book enthält die im Reiseführer aufgeführten Adressen entlang der Touren, beispielsweise zu Essen und Trinken, Shoppen, Aktivitäten und Hotel-Tipps. Links auf einen externen Kartendienst vereinfachen das Auffinden dieser Adressen.

Mit großer Faltkarte
& 80 Stickern
für die individuelle Planung

www.polyglott.de

SYMBOLE ALLGEMEIN

 Besondere Tipps der Autoren

 Specials zu besonderen
Aktivitäten und Erlebnissen

Spannende Anekdoten
zum Reiseziel

 Top-Highlights und

Highlights der Destination

TOUR-SYMBOLE		PREIS-SYMBOLE	
❶ Die POLYGLOTT-Touren		Hotel DZ	Restaurant
6 Stationen einer Tour	€	bis 60 EUR	bis 30 EUR
❶ Zwischenstopp Essen & Trinken	€€	60 bis 200 EUR	30 bis 40 EUR
① Hinweis auf 50 Dinge	€€€	über 200 EUR	über 40 EUR
[A1] Die Koordinate verweist auf die Platzierung in der Faltkarte			
[a1] Platzierung Rückseite Faltkarte			

Perfekte Planung
Parallel Klappe vorne links aufschlagen

① Touren-Start

Top 12 Highlights

1. **Canal Grande** › S. 63
2. **Basilica di San Marco** › S. 75
3. **Palazzo Ducale** › S. 78
4. **Gran Teatro La Fenice** › S. 84
5. **Ponte di Rialto** › S. 90
6. **Santa Maria Gloriosa dei Frari** › S. 99
7. **Scuola Grande di San Rocco** › S. 100
8. **Jüdisches Ghetto** › S. 107
9. **Ca' d'Oro** › S. 111
10. **Santi Giovanni e Paolo** › S. 120
11. **Gallerie dell'Accademia** › S. 129
12. **Collezione Peggy Guggenheim** › S. 130

Zeichenerklärung der Karten

☐ beschriebenes Stadtviertel (Seite=Kapitelanfang)

🔟 Ⓔ 🄷 Sehenswürdigkeiten

🔟 Zwischenstopp: Essen und Trinken

④ Tourenvorschlag

Autobahn

Schnellstraße

Hauptstraße

sonstige Straßen

Fußgängerzone

Eisenbahn

Staatsgrenze

Landesgrenze

Nationalparkgrenze

5

In Marmor gefasste Macht der
Seerepublik: der Markusplatz

TYPISCH

Venedig ist eine Reise wert!

Einst mächtigster Stadtstaat der Welt, üben die steinernen Zeugnisse der Serenissima selbst im Verfall noch eine ungebrochene Anziehungskraft aus. Die ins Wasser gebaute Stadt ist zwar längst ein Mythos – und doch quicklebendig und irgendwie auch auf dem Weg in die Moderne.

Die Autorin **Gudrun Raether-Klünker** studierte Politische Wissenschaft und Germanistik und ist heute als freie Reisejournalistin und Redakteurin tätig. Regelmäßig bereist sie Südeuropa, besonders die an kulturellen Schätzen so reichen Mittelmeerländer Griechenland und Italien. Venedig ist dabei eines ihrer absoluten Lieblingsziele: eine Stadt von Weltrang, die aber auch mit stillen Ecken und kleinstädtisch-familiärer Atmosphäre zu überraschen weiß.

Venedig gleicht einem Fisch! Zumindest aus der Luft betrachtet. Und schöner könnte man sich dem Zentrum der einstigen Seerepublik auch gar nicht nähern als mit dem Flugzeug. Am besten wählt man einen Fensterplatz auf der rechten Seite. So hat man schon beim Landeanflug auf den Flughafen Marco Polo den unvergleichlichen Blick auf die Lagunenlandschaft. Und dann kommen sie immer näher: die markanten Kirchtürme der »Erlauchtesten«, der Canal Grande, der sich s-förmig durch die Stadt schlängelt, und die Motorboote,

Kanäle statt Straßen, Boote statt Autos – Venedig ist einzigartig

Schiffstour mit Alilaguna direkt vom Airport ins Herz der Stadt!

Endlich angekommen, heißt es erst einmal durchatmen, den Rhythmus der Stadt spüren, die mit keiner anderen Stadt der Welt vergleichbar ist und die es, wie der ehemalige Bürgermeister Massimo Cacciari formulierte, eigentlich gar nicht geben dürfte. Rund 170 Kanäle durchziehen Venedig, Hunderte von Brücken führen über die engen Wasserstraßen, durch die lautlos schwarze Gondeln gleiten – oder mit gellender Sirene ein Polizeiboot rast. Venedig erscheint wie eine Sinnestäuschung und ist doch ganz real – ein Gesamtkunstwerk und zugleich Lebensraum für knapp 57 000 Menschen, wenngleich ihre Zahl kontinuierlich sinkt.

Dreh- und Angelpunkt des Ganzen ist der Markusplatz, eindrucksvolle Bühne für eine stets wechselnde Show. Über die Straßenhändler, die billige T-Shirts, bunte Masken

Unterhaltsames Schauspiel: der Verkehr auf Venedigs Kanälen

die – wieder mal viel zu schnell – durch die Lagune rasen und dabei weiße Gischt aufwirbeln.

Für einen Moment hat man dann wieder festen Boden unter den Füßen – nur um ihn möglichst rasch wieder zu verlassen. Denn Venedig gründet auf Millionen von Eichenpfählen, die Flüchtlinge vom Festland vor rund 1600 Jahren in den schlickigen Grund der Lagune rammten. Deswegen schwanken nicht nur die Pontons der Vaporetti (Wasserbusse) merklich, sondern auch etliche Palazzi am Canal Grande, was man zumindest in den oberen Etagen spürt. Noch sind wir allerdings nicht dort, sondern auf dem Flughafen, auf dem ein babylonisches Sprachengewirr herrscht und zahllose Gäste aus Europa und Übersee mit ihren Rollkoffern Richtung Ausgang strömen. Übrigens: Die stilvolle, aber mit 15 € (hin und zurück 27 €) nicht gerade günstige Alternative zur Busfahrt bietet die

Gemüse einkaufen vom Schiff – in der Lagunenstadt ganz alltäglich

Sich Zeit nehmen, um den morbiden Charme der bröckelnden Fassaden in sich aufzunehmen. Den Klängen der Musik folgen, die bisweilen in eine vielleicht nicht ganz so bedeutende Kirche leiten. Eintauchen ins venezianische Alltagsleben, zu dem ein Stopp in einem der Kaffeehäuser zählt, wo es meist laut und trubelig zugeht und wo man seinen Kaffee am besten im Stehen an der Theke neben der lauten, zischenden Espressomaschine trinkt, weil es die Venezianer auch tun, und weil es so preiswerter ist.

Auf der stillen Giudecca-Insel gehört Venedig noch sich selbst

Und schließlich das Allerschönste: der Bummel entlang dem Zattere, mit Blick auf die Insel Giudecca, wo gurrende Tauben an den Brunnen ein erfrischendes Bad nehmen und sich bei »Nico« eine lange Schlange gebildet hat. Kein Wunder: Das Eis ist ein Gedicht! Übrigens auch ein herrlicher Ort am Abend: Im Sommer weht hier meist ein laues Lüftchen, und am anderen Ufer erstrahlt Palladios Redentore-Kirche in blassem Grün. Doch alles nur Sinnestäuschung? In der Enoteca Al Bottegon am Campo San Trovaso begießen wir unsere Ankunft ganz real mit einem Glas Wein im Stehen, während draußen fast unwirklich eine Gondel unter der Brücke hindurchgleitet … Kann mich bitte mal jemand kneifen? Oder wie formulierte es der amerikanische Autor Henry James doch gleich? »Es gibt zwei Arten von Städten: alle anderen und Venedig«. Così è! Benvenuto a Venezia!

und glibberige Gummitierchen anbieten, die sie geräuschvoll aufs Pflaster klatschen, sollte man großzügig hinwegsehen. Das unaufhörliche Klacken der Kameraauslöser und das Gurren der Tauben vermischen sich mit der Salonmusik der berühmten Kaffeehäuser, während Tourguides ihre bunten Schirme in die Lüfte recken, um die Gruppen im Gedränge zusammenzuhalten – und die lange Schlange vor der Basilica di San Marco sich Schritt für Schritt dem Portal nähert. Ganz normaler Alltag in Venedig!

Prunkvolle Palazzi, weltberühmte Brücken und Kirchen voller Kunstwerke – all das ist Venedig, doch es gibt auch noch eine andere Seite der Stadt, die nicht weniger fasziniert. Um sie kennenzulernen, muss man sich von den großen Plätzen und touristischen Hauptrouten entfernen, sich verlieren im Gewirr enger Gassen und wohnzimmergroßer Campi, auf denen Kinder spielen und die Einheimischen Stühle im Freien aufstellen.

Reisebarometer

Was macht Venedig so besonders? Die Kanäle, Brücken, Kirchen und prächtigen Palazzi machen den Zauber der Lagunenstadt aus, hochkarätige Kunstschätze, beeindruckende Museen sowie eine lebendige Musiktradition setzen weitere Akzente.

Beeindruckende Architektur
Vom gotischen Palazzo bis zur modernen Calatrava-Brücke

Die schönste Wasserstraße der Welt
170 Kanäle – der schönste ist der Canal Grande

Kultur- und Eventangebot
Oper und stimmungsvolle Barockkonzerte in Kirchen

Museen und Besichtigungen
Kunstschätze von Weltrang in Museen, Kirchen, Palazzi

Kulinarische Vielfalt
Fangfrisches aus der Lagune, Artischocken von Sant'Erasmo und das beste Eis Italiens

Spaß und Abwechslung für Kinder
Schnelle Polizeiboote, geheime Verliese, Baden am Lido

Shoppingmöglichkeiten
Marmoriertes Papier, Muranoglas, Spitze und edle Stoffe

Ausgehen/Am Abend
Statt Discos und Klubs locken romantische Restaurants.

Ausflüge vor die Tore der Stadt
Bootstouren in die Lagune und auf dem Brenta-Kanal

Preis-Leistungs-Verhältnis
In der Nachsaison wird auch die teuerste Stadt Italiens erschwinglich.

● = gut   ●●●●●● = übertrifft alle Erwartungen

50 Dinge, die Sie ...

Hier wird entdeckt, probiert, gestaunt, Urlaubserinnerungen werden gesammelt und Fettnäpfe clever umgangen. Diese Tipps machen Lust auf mehr und lassen Sie die ganz typischen Seiten erleben. Viel Spaß dabei!

... erleben sollten

(1) Geheimnisse der Staatsmacht enthüllen *Itinerari Segreti* genannte Touren durch die Hinterzimmer des Dogenpalasts › **S. 82**, die u. a. die Leiden des eingekerkerten Casanova in den Bleikammern nachvollziehen lassen (tgl. 9.55, 10.45, 11.35 Uhr auf Englisch, 20 €).

(2) Auf einen Schatten gehen, so nennen die Venezianer den Boxenstopp im Lieblings-Bàcaro. Man trinkt ein Glas Wein (*ombra* = Schatten) im Stehen, isst ein paar *cicchetti* dazu und plauscht mit dem Tresennachbarn – einfach dazustellen, z. B. in der Enoteca Al Bottegon › **S. 133**.

(3) Kochkurs im Palazzo TV-Köchin Maria Grazia Calò führt vor, wie man *sarde in saor* zubereitet oder einer Artischocke zu Leibe rückt – in einem denkmalgeschützten Palast in San Polo (1421/A [**D4**], www.peccatidigola.info, ab 75 €).

(4) Venedigs Bauch 7 Uhr morgens: Die Stadt schläft noch. Doch am Rialtomarkt › **S. 94** herrscht schon hektische Betriebsamkeit. Bei einem *caffè* kann man dabei zusehen, wie fangfrischer Fisch und Gemüse von Sant'Erasmo angelandet werden.

(5) Auf Augenhöhe mit Kormoranen Venedig liegt inmitten einer amphibischen Wasserwelt, in der die Gezeiten den Rhythmus vorgeben. Bei geführten Kajaktouren erlebt man sie hautnah (www.venice kayak.com, 90–150 €, Start auf der Isola della Certosa).

(6) Hindernislauf mit Brücken *Su e zo per i ponti* nennt sich ein vergnüglicher Stadtlauf ohne Preise und Sieger › **S. 57**, der in der langen Version über 43, in der kurzen über 16 Brücken führt (12 bzw. 6 km). Anmeldung unter www.suezo.it.

(7) Lido on Bike Auf dem Lungomare geht es am Meer entlang bis zum Strand von Alberoni, der Rückweg führt durchs Inselinnere, vorbei an Jugendstilvillen, herrlichen Gartenanlagen und stillen Kanälen. Radverleih und Tourenvorschläge bei Lidoonbike › **S. 29**.

(8) Celebrity-Spotting mit Erfolgsgarantie Bei einem Spaziergang über die zypressenbestandene Friedhofsinsel San Michele › **S. 141** entdeckt man die Gräber berühmter Persönlichkeiten wie Igor Strawinsky, Ezra Pound oder Joseph Brodsky (Linien 4.1 und 4.2 ab Fondamente Nuove, Lageplan am Infopoint).

Traditionsreicher Bàcaro mit Cicchetti-Theke – die Enoteca Al Bottegon

⑨ Versteckspiel für Erwachsene
Die für den venezianischen Karneval typischen, geheimnisvollen Masken kann man bei Ca' Macana [D4] in zweistündigen Workshops auch selbst kreieren (Dorsoduro 3172, www.camacana.com, ab 60 €).

⑩ Picknick auf der Garteninsel
Am Sonntag trifft sich halb Venedig am kleinen Sandstrand von Sant' Erasmo. Man grillt, trinkt Wein, steht bis zu den Knien im Wasser und hält ein Schwätzchen, Tatendurstigere spielen Beachvolleyball – mischen Sie sich unters Volk (Linie 13 ab Fondamente Nuove).

… probieren sollten

⑪ Frühstück to go Bei der alteingesessenen Konditorei Rosa Salva › S 120 decken sich die Venezianer auf dem Weg zur Arbeit mit *bussolai* und *baicoli* ein, mürben Biskuits, die man morgens in den Kaffee und abends in den Süßwein taucht.

⑫ Espresso für Kenner Nach traditionellem venezianischem Verfahren gerösteten, aromatischen Kaffee kann man bei Caffè del Doge [D3] probieren und auch erwerben (San Polo 609, www.caffedeldoge.com).

⑬ Innereien in Gourmetklasse
Fegato alla veneziana, Kalbsleber mit Zwiebeln in Weißweinsud, ist ein Klassiker der venezianischen Küche, der bei Altanella [C6] am Giudecca-Kanal zu kulinarischer Hochform aufläuft (Giudecca 268).

⑭ Gemüse-Kostbarkeit Sehr selten und entsprechend begehrt sind *castraure*, junge Artischocken von der nahen Insel Sant'Erasmo, die von April bis Juni an den Ständen der Erberia › S. 94 verkauft werden.

⑮ Sommerlaune im Sektglas
Der Bellini, ein dezent rosafarbener Cocktailklassiker aus Prosecco und Pfirsichmark, schmeckt vielen dort am besten, wo er 1938 erfunden wurde: in Harry's Bar › S. 83.

Burano, die Insel der bunten Häuser

[D3] auf Vorbestellung hin sogar als Takeaway (Santa Croce 2262, Calle della Regina, www.veciofritolin.it).

(20) Süßes seit 1742 Bei Rizzardini [D4], Venedigs ältester Pasticceria, kann man fast alles probieren, was die Stadt an *dolci* zu bieten hat. Köstlich sind *bignè*, luftig-leichte, mit Pistaziencreme gefüllte Windbeutel (San Polo 1415, Campiello dei Meloni, Di geschl.).

… bestaunen sollten

(21) Blaue Stunde auf dem Markusplatz Menschenleer und nur von einem verblassenden Mond bewacht, entfaltet die Piazza San Marco › **S. 71** ihr ganzes Potenzial zur großen architektonischen Geste.

(22) Innere Werte Im Inneren des Markusdoms funkelt die Pala d'Oro › **S. 77**, ein mit aberhunderten Juwelen und kostbaren byzantinischen Emailarbeiten verzierter Altaraufsatz, mit den großflächigen Goldmosaiken um die Wette.

(23) Münder der Wahrheit Um Verschwörungen aufzudecken, beschäftigte Venedigs Rat der Zehn zahllose Spitzel und führte die *bocche della verità* ein, als Münder gestaltete steinerne Briefschlitze, die zu anonymen Anzeigen einluden. Man sieht sie noch heute an der Loggia des Dogenpalastes › **S. 80** und an der Kirche Santa Maria della Visitazione › **S. 133**.

(16) Kindertraum in Pastellfarben Wäre die Eiscreme noch nicht erfunden, müsste sie genau so aussehen wie bei der Gelateria Millevoglie › **S. 29**: wolkige Gebilde von perfekt cremiger Konsistenz in Pistaziengrün, Vanillegelb, Erdbeerrosa … Unwiderstehlich: Nociolosa.

(17) Fingerfood auf Venezianisch In Bàcari wie der »Witwe« › **S. 36** werden sie in reicher Auswahl angeboten: *cicchetti*, tapasähnliche Häppchen. Suchtpotenzial haben *sarde in saor*, sauer eingelegte Sardinen mit Rosinen und Pinienkernen.

(18) Wein aus der Lagune Auf der Insel Sant'Erasmo reift mit dem weißen »Orto di Venezia« der einzige Wein der Lagunenstadt. Kenner bescheinigen ihm eine feine Meeresnote (u. a. Enoteca Ai Stagneri [E3], San Marco 5246, Calle de Stagneri).

(19) Frittiertes Meeresallerlei Was die Fischer morgens anlanden, bekommt man als *fritto misto* in vielen Restaurants, bei Vecio Fritolin

(24) »I was here« anno 1070 Vor dem Eingang des Arsenale › **S. 123** wacht ein antiker Marmorlöwe, den die Venezianer 1688 im griechischen Piräus erbeutet hatten. Auf seiner linken Flanke verewigte sich im 11. Jh. ein Nordländer mit einer Runeninschrift.

(25) Drehort mit Gruselfaktor Meist ganz für sich allein hat man die stimmungsvolle Bettlerkirche San Nicolò dei Mendicoli [A5] ganz im Westen Dorsoduros. Im Okkult-Thriller »Wenn die Gondeln Trauer tragen« war Donald Sutherland hier als Restaurator tätig (Dorsoduro 1907, Campo San Nicolò).

(26) Die schönste Galeere der Welt Von der beispiellosen Prachtentfaltung der Serenissima zeugt im Museo Storico Navale › **S. 123** ein Modell des Bucintoro, des reich mit vergoldetem Schnitzwerk verzierten Staatsschiffes. Um es fortzubewegen, waren 168 Ruderer nötig.

(27) Bunt, bunter, Burano Gelb, blau, grün, ocker, pink oder rosa – malerisch spiegeln sich die knallbunten Fassaden der Fischerhäuschen auf Burano › **S. 144** im seichten Wasser der Kanäle.

(28) Tintoretto in Tennisplatz-Format Mehrere Hundert Figuren tummeln sich auf Tintorettos monumentalem Wandbild »Paradies«, das die gesamte Rückfront des Großen Ratssaals im Dogenpalast › **S. 82** einnimmt. Mit 22 × 7 m ist es das größte Ölgemälde der Welt.

(29) Venice underground Gondolieri fahren einen auf Wunsch – und gegen Aufpreis! – durch den einzigen unterirdischen Kanal Venedigs, den Rio del Santissimo. Er führt unter dem Chor der Kirche Santo Stefano › **S. 86** hindurch, die dennoch schon seit 1325 steht.

(30) Lagunenzauber Der Blick vom Campanile der Basilika Santa Maria Assunta auf Torcello › **S. 146** über die Lagunenlandschaft raubt besonders am späten Nachmittag den Atem, wenn die Farben wärmer und die Konturen klarer werden.

… mit nach Hause nehmen sollten

(31) Venedigs Flotte Von der Gondel bis zum Wassertaxi – der Bootshistoriker Gilberto Penzo › **S. 39** fertigt in seiner Werkstatt Modelle aller venezianischen Schiffs- und Bootstypen. Einige davon gibt es auch als Bausatz (ab 40 €).

(32) Stoffe, aus denen die Träume sind Nach historischen Mustern handgewebte Stoffe des Traditionshauses Bevilacqua [D5], erhältlich als Meterware oder zu Kissen und Tischdecken vernäht, verleihen dem eigenen Zuhause einen Hauch Palazzo-Herrlichkeit (San Marco 2520, www.bevilacquatessuti.com).

(33) Sommerhitze für kalte Tage Die Schwüle der Lagune ist legendär. Papierfächer, die im Sommer an jeder Straßenecke verkauft werden, verschaffen Kühlung und beschwören im nasskalten deutschen Winter die Hitze venezianischer Sommernächte herauf (ab 3 €).

34 Muranoglas light Venedigs gotisches Architekturerbe spiegeln die filigranen Halsketten und Armbänder wider, die die Brüder Attombri [C4] aus alten Muronaglasperlen und Silberdraht fertigen (San Polo 65, www.attombri.com).

35 Preziosen aus Papier Nirgendwo kommen Venedig-Fotos besser zur Geltung als in einem Fotoalbum aus marmoriertem Papier, das traditionell arbeitende Buchbinder wie Il Prato › **S. 85** herstellen.

36 Meeresaroma Lust, einige venezianische Spezialitäten am heimischen Herd nachzukochen? Bei Pantagruelica [C4] gibt es die nötigen Zutaten, etwa mit Sepiatinte gefärbte *spaghetti neri* (Dorsoduro 2844, Campo San Barnaba).

37 Stadtansichten in Schwarz-Weiß Blicke in die Vergangenheit: Die bei La Salizada [C4] ausgestellten Fotos aus dem Venedig des 19. Jhs., allesamt Reproduktionen, sind zeitgeschichtliche Dokumente und kleine Kunstwerke zugleich (San Marco 3448, www.lasalizada.it).

38 Gondoliere-Puschen *Furlane,* weiche Slipper aus Leinen oder Samt mit rutschfesten Gummisohlen, wie sie die Gondolieri früher bei der Arbeit trugen, bekommt man bei Piedàterre [D3] in vielen Formen

und Farben (San Polo 60, www.piedaterre-venice.com, ab 39 €).

39 Venedig im Flakon Den intensiven Duft blühenden Jasmins und andere typische Venedig-Gerüche fängt »The Merchant of Venice« [D4] ein, eine Parfümserie mit stilvollem Flagshipstore in den Räumen einer alten Apotheke (San Marco 1895, www.themerchantofvenice.it).

40 Nächtliche Impressionen Ein laues Lüftchen weht, jenseits des Giudecca-Kanals liegt einem das nächtlich erleuchtete Venedig zu Füßen – die Rooftopbar des Hilton Molino Stucky [B5] ist der ideale Ort, um abends einen Drink zu nehmen und stimmungsvolle Fotos zu schießen (Giudecca 810, www.skylinebarvenice.com, tgl. 17–1 Uhr).

... bleiben lassen sollten

41 Tauben füttern »Vogelfreies Venedig« lautet die Devise – bis zu 150 € muss berappen, wer auf dem Markusplatz Tauben füttert.

42 Kirchenbesuch in Shorts Auf angemessene Kleidung wird in Venedig viel Wert gelegt, besonders beim Kirchenbesuch. Schultern und Knie sollten bedeckt sein, sonst wird der Einlass womöglich verwehrt.

43 San Marco zur Mittagszeit Um endloses Schlangestehen vor dem Markusdom zu vermeiden, bringt man sich am besten eine hal-

Die Attombri-Brüder verarbeiten Muranoglas-Perlen zu fantasievollen Schmuckstücken

be Stunde vor Einlass (ca. 9.15 Uhr) bzw. vor Schließung (ca. 16.30 Uhr) in Stellung.

44 Gefälschte Markenprodukte kaufen Wer bei einem der fliegenden Händler gefälschte Markenwaren zum Schnäppchenpreis erwirbt, macht sich in Italien auch als Käufer vor dem Gesetz schuldig. Die Geldbuße kann sich im schlimmsten Fall auf 10 000 € belaufen!

45 Einzelfahrschein fürs Vaporetto Vaporetto-Einzeltickets sind mit 7,50 € sehr teuer. Es lohnt sich daher auf jeden Fall, gleich zu Beginn des Aufenthalts eine vergünstigte Zeitkarte (für verschiedene Zeitspannen) zu kaufen › **S. 27, 153**.

46 Picknick auf der Piazza San Marco Zivile Benimm-Polizisten in orangefarbenen Westen rufen jeden zur Ordnung, der auf dem Markusplatz einen Schluck trinkt oder sein Panino verspeist. Als offizieller Rastplatz wurden die nahen Giardini Ex-Reali ausgewiesen.

47 Sonnenbrille vergessen Getönte Gläser sind in Venedig noch unverzichtbarer als anderswo: Die weißen Marmorfassaden blenden im Sonnenlicht derart, dass mit einer spezifischen Form von Schneeblindheit zu rechnen ist.

48 Ohne Stadtplan unterwegs Reizvoll ist es zweifellos, sich im Labyrinth der Gassen einfach treiben zu lassen. Ohne Karte verläuft man sich aber garantiert!

49 Freie Platzwahl *Bella figura*, einen guten Eindruck, machen Sie, wenn Sie sich im Restaurant nicht einfach an den erstbesten freien Tisch setzen, sondern warten, bis ein Kellner Ihnen einen Platz zuweist.

50 Restaurant-Schleppern folgen In manchen Gegenden Venedigs lassen frenetisch winkende Kellner den Stadtbummel zu einem Spießrutenlauf geraten. Bleiben Sie hartnäckig – positive Überraschungen sind in derlei Lokalen eher selten zu erwarten.

Die ganze Welt
von POLYGLOTT

Mit POLYGLOTT ganz entspannt auf Reisen gehen. Denn bei über 150 Zielen ist der richtige Begleiter sicher dabei. Unter www.polyglott.de können Sie ganz einfach direkt bestellen. GUTE REISE!

Meine Reise, meine APP!

Ob neues Lieblingsrestaurant, der kleine Traum-strand oder ein besonderes Erlebnis: Die kostenfreie App von POLYGLOTT ist Ihre persönliche Reise-App. Damit halten Sie Ihre ganz individuellen Ent-deckungen mit Fotos und Adresse fest, verorten sie in einer Karte, machen Anmerkungen und können sie mit anderen teilen.

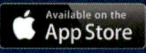

Kostenloses Navi-E-Book

Unser E-Book-Code zur elektronischen Erweiterung des POLYGLOTT on tour. Das kostenlose E-Book enthält die im Reiseführer aufgeführten Adressen entlang der Touren, beispielsweise zu Essen und Trinken, Shoppen, Aktivitäten und Hotel-Tipps. Links auf einen externen Kartendienst vereinfachen das Auffinden dieser Adressen.

Geführte Tour gefällig?

Wie wäre es mit einer spannenden Stadtrundfahrt, einer auf Ihre Wünsche abgestimmten Führung, Tickets für Sehenswürdigkeiten ohne Warteschlange oder einem Flughafentransfer?
Buchen Sie auf **www.polyglott.de/tourbuchung** mit rent-a-guide bei einem der deutschsprachigen Guides und Anbieter weltweit vor Ort.

www.polyglott.de

Besuchen Sie uns auch auf facebook.

Was steckt dahinter?

Die kleinen Geheimnisse sind oftmals die spannendsten. Wir erzählen die Geschichten hinter den Kulissen und lüften für Sie den Vorhang.

Warum besitzt Venedig so viele Kirchen?

Die zahlreichen Handelsgesellschaften, die Waren im gesamten Mittelmeerraum verschifften und rund um das Geschäftszentrum an der Rialtobrücke ansässig waren, verzichteten oftmals darauf, ihr Transportgut zu versichern, beteiligten aber Gott an ihren Geschäften. 5 % des Erlöses sollte der Weltenschöpfer am Jahresende erhalten, ausgezahlt wurde es stellvertretend an die Geistlichkeit. Und so wurden zahlreiche Gotteshäuser mit dem Geld aus dieser »himmlischen Versicherung« erbaut.

Warum entstand ausgerechnet in Venedig das erste Ghetto?

Isolation und Ausgrenzung erfuhren die Juden in Europa schon früh, doch in Venedig wurden sie erstmals in einen streng bewachten, abgetrennten Bereich zwangsumgesiedelt. Warum gerade hier? Zu Beginn des 16. Jhs. verlor Venedig seine Vormachtstellung und musste empfindliche militärische Niederlagen einstecken. Auf der Suche nach einem Sündenbock fiel der Blick der Machthaber auf die Juden, denen der Vorwurf des Brunnenvergiftens und Verursachens von Seuchen anhing. Sie der Stadt zu verweisen erschien allerdings nicht klug, zu wichtig waren die Juden als Bankiers, Künstler und Handwerker für Wirtschaft und Kultur Venedigs. Also isolierte man sie räumlich, nutzte ihre Wirtschaftsleistung aber weiterhin und bürdete ihnen zudem hohe Steuern und Abgaben auf.

Warum haben die Häuser auf Burano so bunte Fassaden?

Auf Burano gab es in der Vergangenheit nur vier Familiennamen. Für den Postboten war es daher ein schwieriges Unterfangen, Briefe richtig auszuliefern, immer wieder kam es zu Verwechslungen. Schließlich fingen die Bewohner, an ihre Häuser farbig anzumalen – das machte dem Zusteller die Unterscheidung leichter.

Warum sind alle Gondeln schwarz?

Gondeln waren im 16. Jh. nicht nur Verkehrsmittel Nr. 1 – 10 000 der langgezogenen Boote verkehrten damals auf den Wasserstraßen der Stadt –, sondern auch ein wichtiges Statussymbol für Venedigs reiche Patrizier: Sie bemalten sie bunt, schmückten sie mit vergoldeten Schnitzereien, bezogen ihre Sitze mit kostbarem Samt und Brokat. 1562 wurde es dem Dogen Girolamo Privli zu viel: Um der ausufernden Prunksucht Einhalt zu gebieten, schrieb er als einheitliche Farbe für alle Gondeln Schwarz vor.

Der Campo di Ghetto Nuovo ist Hauptplatz
des jüdischen Ghettos, das 1516 als eigener
Stadtteil eingerichtet wurde

REISE-
PLANUNG &
ADRESSEN

Die Stadtviertel im Überblick

Weltwunder Venedig: Keine andere Stadt der Erde hat über Jahrhunderte eine Architektur ausgebildet, die buchstäblich ins Wasser gebaut ist. Zwischen 20 und 30 Mio. Besucher strömen Jahr für Jahr in die romantische Lagunenstadt, die von oben betrachtet die Form eines Fisches hat.

Venedig ist spätestens seit Mitte des 12. Jhs. in sechs Stadtbezirke gegliedert, die sogenannten *sestieri* (Stadtsechstel): San Marco, San Polo, Santa Croce, Cannaregio, Castello und Dorsoduro mit den Inseln Giudecca und San Giorgio Maggiore. Jeder Stadtteil trägt seine unverkennbar eigenen Züge und besitzt eine ganz unverwechselbare Atmosphäre.

San Marco, das einstige Wirtschafts- und Machtzentrum der Serenissima, ist zugleich die Bühne und das Herz der Stadt. Hier befinden sich mit dem Markusdom, dem Dogenpalast und der Seufzerbrücke einige der wichtigsten Sehenswürdigkeiten sowie die exklusivste Einkaufsmeile der Stadt.

Santa Croce und **San Polo** liegen im Inneren der Kanalschleife und gehen nahtlos ineinander über. Die Rialtobrücke, der bunte, quirlige Markt, die Kirche Santa Maria Gloriosa dei Frari und die Scuola Grande di San Rocco bilden Hauptanziehungspunkte für Besucher.

Cannaregio, das ruhige Wohnviertel nördlich des Canal Grande mit seinen ungewöhnlich breiten Uferstraßen war einst Sitz zahlreicher Seidenweber. Hier entstand das jüdische Ghetto. Sehr beschaulich am Tage, bietet Cannaregio am Abend eine interessante Kneipen- und Musikszene.

Castello ist das größte Stadtviertel Venedigs und liegt östlich von San Marco, quasi im Schwanz des Fisches. Geprägt ist es vom Arsena-

Daran gedacht?

Einfach abhaken und entspannt abreisen

- [ ] Venezia Unica City Pass vorbestellen
- [ ] Bequeme Schuhe, im Winter Gummistiefel einpacken
- [ ] Tuch für die Schultern – wichtig beim Kirchenbesuch
- [ ] Reisepass / Personalausweis
- [ ] Flug- / Bahntickets
- [ ] Kontaktdaten und Wegbeschreibung zur Unterkunft
- [ ] Sitter für Haustiere und Pflanzen organisieren
- [ ] Fenster schließen
- [ ] Hauptwasserhahn abdrehen
- [ ] Leeren des Briefkastens organisieren
- [ ] Nicht den AB besprechen »Wir sind für zwei Wochen nicht da«
- [ ] Kreditkarte einstecken
- [ ] Ladegeräte für Handy, Tablet, Fotoapparat etc.

le, der ehemals bedeutenden Werft, die heute militärische Sperrzone ist. Arbeiter und Fischer haben hier ihre bescheidenen Häuser, während die Riva degli Schiavoni, die breite Promenade am San-Marco-Becken, von prächtigen Palazzi gesäumt ist. Im Osten liegen die Gärten der Biennale.

Dorsoduro, der »harte Rücken«, benannt nach dem Felsgestein, auf dem es erbaut wurde, erstreckt sich zwischen Canal Grande und Canale della Giudecca. Hier bestimmen die Venezianer das Straßenbild. Heute liegen hier wichtige Kunstpaläste: die Collezione Peggy Guggenheim, die Gallerie dell'Accademia und die Punta della Dogana. Exponiert erhebt sich Santa Maria della Salute. Zu Dorsoduro gehören auch die Inseln La Giudecca und San Giorgio Maggiore.

An der Punta Dogana mündet der Canal Grande in das Bacino di San Marco

Die 518 km² große Lagune umfasst eine Reihe weiterer Inseln, die einen Besuch wert sind. Dazu gehören u. a. die Friedhofsinsel **San Michele, Murano,** berühmt für seine Glasbläserkunst, **Burano,** wo traditionell Spitzen hergestellt werden, und das beschauliche **Torcello.** Nicht zuletzt wegen der jährlichen Filmfestspiele berühmt ist der **Lido,** der sich als schmaler Sandstreifen vor Venedig erstreckt.

Im Labyrinth der Gassen – Orientierung in den Sestieri

Es ist ein echtes Kunststück, sich im Gewirr der Gassen Venedigs zurechtzufinden. Wer sich verfranzt, sollte es gelassen nehmen, sich einfach treiben lassen oder auf die Hinweisschilder an den Hauswänden achten, die entweder nach San Marco, Rialto, zum Bahnhof (F), zum Piazzale Roma, auf den nächsten Campo oder zur nächstgelegenen Vaporetto- oder Traghetto-Station leiten. Von dort kann man sich dann wieder neu orientieren.

Venezianische Adressen bestehen aus dem Sestiere und einer Hausnummer. Diese Hausnummern sind im jeweiligen Stadtviertel fortlaufend verteilt, für Fremde ein nicht zu entschlüsselndes System, das auf die napoleonische Zeit zurückgeht. Insgesamt 29 254 Hausnummern soll es in Venedig geben.

Auf Brunettis Spuren

Geheimnisvoll, labyrinthisch: Venedig ist ein prädestinierter Schauplatz für Verbrechen. Guido Brunetti, der liebenswerte Commissario in Donna Leons Venedig-Krimis, entführt den Leser in die stillen Ecken der Stadt, durch die verwinkelten Gassen, ins Teatro La Fenice, ins Arsenale, auf seine Terrasse mit Traumblick über den Canal Grande und natürlich ins Bàcaro …

Zwar weiß man in Venedig selbst quasi nichts von ihm, denn die Bücher sind auf ausdrücklichen Wunsch der Autorin, die selbst in der Lagunenstadt lebt, nie auf Italienisch erschienen. Doch in Deutschland gibt es mittlerweile eine regelrechte Donna-Leon-Fangemeinde. Entsprechend möchten viele Venedig-Besucher die von Brunetti frequentierten Orte aufsuchen – doch das ist leichter gesagt als getan. Die Schauplätze im Buch sind nicht identisch mit denen im Film, und Innen- und Außenaufnahmen einer Location passen nicht unbedingt zusammen. Da ist Spürsinn gefragt!

Spurensuche

Krimifans, die sich vorab im Internet unter www.brunettistadtplan.de informieren, werden es etwas leichter haben. Wer es genauer wissen möchte, der sollte eine thematische Führung buchen: **Dr. Susanne Kunz-Saponaro,** Kunsthistorikerin und offizielle Fremdenführerin Venedigs, bietet eine spannende, rund zweistündige private Brunetti-Führung an, bei der man zugleich viel über Venedigs Stadtgeschichte erfährt (nähere Informationen unter Mobil-Tel. 0039/33 82 20 04 19, www.stadt fuehrungen-venedig.de).

Zwei Bücher zur individuellen Spurensuche sind **Mit Brunetti durch Venedig** von Toni Sepeda (Diogenes, 2012) sowie **Auf den Spuren von Commissario Brunetti** von Elisabeth Hoffmann und Karl-L. Heinrich (Harms, 2012).

Klima & Reisezeit

Sonniges Badewetter in den Sommermonaten, Acqua Alta und Nebel im Winter, milchiges Frühjahrs- und Herbstlicht – Venedig hat das ganze Jahr über Saison.

Im Winter wird der Gefrierpunkt fast nie erreicht, dafür ist es im Sommer mitunter sehr heiß und schwül. Die ruhigste Reisezeit sind die Monate von November bis zum Karneval, allerdings kann es dann auch unangenehm nass-kalt werden. Im Karneval platzt die Stadt förmlich aus den Nähten, sämtliche Zimmer sind lange im Voraus ausgebucht. Auch zu anderen Festlichkeiten herrscht in Venedig viel Gedränge: zur bildgewaltigen Vogalonga im Mai, zur Festa della Sensa am ersten Sonntag nach Himmelfahrt, oder zu *ferragosto,* Mariä Himmelfahrt › **S. 59**. Alle zwei Jahre (2017, 2019, 2021) wird Venedig von Mai bis November zur Kulisse

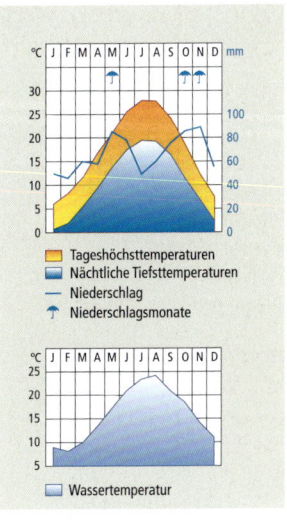

für die Kunst-Biennale › **S. 124**. Auf dem Lido beginnen Ende August/Anfang September die Internationalen Filmfestspiele, dann sind viele Stars und Sternchen zu Gast in der Lagunenstadt.

Anreise

Mit dem Flugzeug

Vom **Flughafen Marco Polo** (www.veniceairport.it) in Tessera bei Mestre bestehen Verbindungen zu den wichtigsten Städten in Deutschland, Österreich und der Schweiz. Der Flughafen liegt etwa 11 km vom Stadtzentrum entfernt. Anbindung an Venedig: mit den Actv-Bussen der Linie 5 (Aero-Bus) oder dem ATVO-Expressbus in etwa 25 Min. zum Piazzale Roma (Fahrschein vorher lösen, 8 €, hin und zurück 15 €, günstiger wird es, wenn man einen Venezia Unica City Pass kauft › **S. 27, 153**), übers Wasser mit Alilaguna im Stunden- bzw. 30-Min.-Takt via Lido nach San Marco

(90 Min., 15 €, ermäßigte Online-Tickets und Infos unter www.alilaguna.it und www.venicelink.com) oder per Sammel-Wassertaxi (2 × stdl., 30 €); Alternative: privater Wassertaxi-Service (rund um die Uhr, ca. 110 € › S. 27).

Der **Flughafen Treviso** (www.trevisoairport.it) liegt ca. 30 km von Venedig entfernt auf einem ehemaligen Militärflugplatz und wird von Low-Budget-Carriern wie Ryanair angeflogen. Vom Flughafen nach Venedig gelangt man mit dem ATVO-Bus (Piazzale Roma, 70 Min., 12 €, hin und zurück 22 €, Online-Buchung möglich) oder mit Barzi bis Tronchetto (40 Min., 12 €), von dort mit der Kabinenbahn (People Mover) bis Piazzale Roma.

Mit dem Auto

Der schnellste Weg via Bayern bzw. Tirol führt über die Brennerautobahn A 22, die bei Verona auf die A 4 Mailand–Venedig trifft, oder über die Tauernautobahn von der Kärntner Grenze bei Tarvisio auf der A 23 über Udine, die bei Palmanova auf die A 4 Triest–Venedig stößt. Für die österreichischen Autobahnen benötigt man eine Vignette, die Autobahnmaut in Italien kann man auch bargeldlos bezahlen: per **VIAcard,** die es an der Grenze, an Raststätten und bei den Automobilclubs gibt, oder sogar ohne Anhalten an der Mautstation per **Telepass** (Infos unter www.tolltickets.com).

Im Falle eines Unfalls muss die Grüne Versicherungskarte vorgelegt werden. Ferner ist eine Warnweste zwingend vorgeschrieben (griffbereit). Tempolimits: Autobahn 130 km/h (bei Nässe 110 km/h), Schnellstraße 110 km/h (bei Nässe 90 km/h), Landstraße 90 km/h, innerorts 50 km/h. Auf Fernstraßen muss auch tagsüber mit Abblendlicht gefahren werden.

Den **italienischen Automobilclub ACI** erreicht man rund um die Uhr unter Tel. 80 31 16 oder 800 00 01 16 bzw. www.aci.it.

Parken ist in den Parkhäusern Piazzale Roma (30 €/24 Std.) und Autorimessa Comunale (26 €/24 Std.) sowie am Parkplatz Tronchetto (21 €/24 Std.) möglich; Buchung unter www.garagesanmarco.it oder www.veniceparking.it. Vom Tronchetto verkehren Vaporetti zum Zentrum, die Autofähre 17 steuert den Lido an, eine Kabinenbahn (People Mover) bringt Gäste zum Piazzale Roma (1,50 €). Weitere Parkplätze auf dem Festland sind Fusina und San Giuliano (Mestre; Juni–Sept.). Der Bus verbindet Mestre mit dem Piazzale Roma in Venedig, von Fusina Schiffsverbindung zum Anleger Zattere. Besonders günstig: Parkplatz Alipark (5 €/Tag, 70 €/Woche, www.alipark.it).

Mit der Bahn

Der Zug fährt über Mestre, dann über den rund 4 km langen Ponte della Libertà, der das Festland mit Venedig verbindet, in die Lagunenstadt zum Bahnhof Santa Lucia, direkt am Canal Grande. Von hier aus geht es zu Fuß oder per Vaporetto (Station Ferrovia) weiter. Die Linien 1, 2 und N verkehren von Santa Lucia zum Markusplatz. Venedig ist über das internationale Fernzügenetz mit Deutschland, Österreich und der Schweiz verbunden.

Verkehr in der Lagune

Vaporetto

Am Autoparkplatz Piazzale Roma legen die drei wichtigsten *vaporetti,* die Linienboote der städtischen Verkehrsbetriebe, an. An den Schalterhäuschen löst man Fahrscheine (Einzelfahrt mit Umsteigemöglichkeit 7,50 €, außerdem Actv-Touristentickets **50 Dinge** ㊺ › **S. 17** für verschiedene Zeitspannen, vom 24-Std.-Ticket à 20 € bis zum 7-Tage-Ticket à 60 € › **S. 153**); ein Stück Handgepäck ist im Preis enthalten, weitere Koffer kosten extra.

Die Vaporetti fahren von 5 Uhr früh bis ca. 23 Uhr im 10- bis 20-Minuten-Takt, auf den Hauptwasserstraßen die ganze Nacht hindurch. Fahrpläne findet man auch an den Anlegestellen. Im Winter verkehren andere Linien als im Sommer. Weitere Infos unter www.actv.it und www.veneziaunica.it.

Für eine Stadtrundfahrt eignen sich die **Ringlinien 4.1/4.2** und **5.1/5.2**, die das historische Zentrum umrunden. Für eine Sightseeingtour auf dem Canal Grande empfiehlt sich die **Linie 1**, die alle Haltestellen ansteuert und bis zum Lido fährt. **Linie 2** legt am Tronchetto ab und fährt den Canal Grande entlang bis zum Lido (im Winter bis San Zaccaria), hält jedoch nicht an allen Anlegestellen.

Die **Linien 12, 13, 4.1, 4.2** und **N** fahren nach Murano, **4.1** und **4.2** machen auch Halt auf San Michele, **12** und **N** fahren weiter nach Burano. Nach Sant'Erasmo kommt man mit den Linien **13** und **N,** nach Torcello mit **9, 12** und **N.**

Wassertaxi

Wassertaxis *(motoscafi)* sind recht teuer, dürfen aber auch für Vaporetti gesperrte Wasserstraßen befahren. Die Fahrt vom Piazzale Roma bis San Marco kostet z. B. 70–80 €. Infos unter Tel. 04 12 40 67 11, www.motoscafivenezia.it.

Achtung: Hüten Sie sich vor privaten Wassertaxibetreibern ohne Lizenz, die völlig überhöhte Preise verlangen. Lizenzierte *motoscafi* erkennt man an gelben, z. T. auch grünen oder roten, am Boot gut sichtbar angebrachten Schildern.

Unter Venedigs Brücken wird es bisweilen eng für die Boote

Mit Kindern in der Stadt

Kinder mögen Venedig in der Regel – vorausgesetzt, man schleift sie nicht ausschließlich in Kirchen und Museen. Von den Wasserstraßen, den Gondeln, schnellen Wassertaxis und Polizeibooten sind sie meist völlig fasziniert. Falls der Nachwuchs dann doch quengelig wird, sollte man noch ein paar Joker in der Tasche haben.

Geheimgänge im Dogenpalast

Im Dogenpalast sind es in erster Linie die **Prigioni Nuove** › S. 82 (Neue Gefängnisse), die abenteuerlustige, etwas ältere Kinder interessieren. Deshalb ist ein Besuch der aufregenden, düsteren Geheimgänge, die zu den Folterkammern und Verliesen führten, unerlässlich. Spannend sind auch die Bleikammern **50 Dinge** ① › S. 12, in denen die Gefangenen sommers in unerträglicher Hitze schmorten, während die feuchte Kälte der Pozzi, der Brunnen im Erdgeschoss, den Insassen in die Glieder fuhr und ihre Gesundheit ruinierte (in letzteren Bereich gelangt man nur im Rahmen von speziellen Führungen › S. 78).

Fahrt auf den Campanile

Das Anstehen zwischen den flatternden Tauben am Markusplatz lohnt sich. Denn der Blick vom 99 m hohen Campanile › S. 75 (Aufzug) begeistert Kinder.

Museo Storico Navale (Schifffahrtsmuseum)

Historische Geräte, Kanonen und andere Waffen sowie die unterschiedlichsten Schiffsmodelle inklusive einer Rekonstruktion des letzten Bucintoro, wie die Prunkschiffe der Dogen hießen, sind hier zu bestaunen › S. 123.

Führungen für Kids

»Auf den Spuren des Markuslöwen« oder » … des Herrn der Diebe« von Cornelia Funke – bei diesen speziell für Kinder entwickelten Führungen kommt garantiert keine Langeweile beim Nachwuchs auf. Die private Stadtführerin Dr. Kunz-Saponaro erzählt kleinen Venedig-Besuchern anschaulich spannende Dinge über die Stadt und bringt ihnen ihre Geschichte und Bedeutung spielerisch nahe. Aktuelle Infos:

- **Dr. Susanne Kunz-Saponaro**
  Mobil-Tel. 00 39/33 82 20 04 19
  www.stadtfuehrungen-venedig.de

Radtour auf dem Lido

Eine nette Abwechslung zum Pflastertreten ist eine Radtour, z. B. mit dem Family Bike für 4 Pers. (16 €/Std.) über den Lido. Wenig Verkehr, keine Steigungen und ein Radweg über weite Strecken direkt am Meer entlang machen die Tour zum entspannten Vergnügen für die ganze Familie **50 Dinge** ⑦ › **S. 12.** Radverleihe findet man nahe der Vaporetto-Station S. Maria Elisabetta, z. B.

- **Lidoonbike**
  Gran Viale 21/B | Lido
  Tel. 04 15 26 80 19
  www.lidoonbike.it

Gelati, Gelati …

Der Kinder-Joker schlechthin! Eis schmeckt nun mal nirgendwo so gut wie in Italien – und für Venetien gilt das ganz besonders, denn hier lernen die meisten Eismacher ihr Handwerk.

- **Gelateria Millevoglie** [C4]
  In der winzigen Eisdiele gibt es angeblich die beste Eiscreme Venedigs
  50 Dinge ⑯ › **S. 14.**
  San Polo 3033/3034
  Salizada San Rocco

Karnevalsmasken

Selbst vom Sightseeing genervte Kids werden bei derart fantasievollen, farbenprächtigen und glitzernden Karnevalsmasken und -kostümen wieder munter. Gern erläutert man in der Werkstatt, wie die kunstvollen Masken gefertigt werden.

- **Ca' del Sol** [F3]
  Castello 4964 | Fondamenta Osmarin
  Tel. 04 15 28 55 49
  www.cadelsolmascherevenezia.com

Erholungspausen

Ein Päuschen einlegen kann man in den **Giardini Pubblici** › S. 126. Hier können die Kinder laufen, schaukeln und sich austoben. In Santa Croce bietet sich der **Giardino Papadopoli** mit Spielplätzen und Bänken an. Noch attraktiver ist im Hochsommer das **Baden am Lido** › S. 146: Nur 10 Min. dauert die Überfahrt, und in weiteren 10 Min. ist man am öffentlichen Strand. Selbst kleine Kinder können gefahrlos am sanft abfallenden Ufer im Wasser planschen. Eine herrliche Erfrischung an heißen Sommertagen!

Traghetto

Ganze vier Brücken überspannen den Canal Grande: der Ponte degli Scalzi, die Rialtobrücke, die Accademia-Brücke und der 2008 eröffnete Ponte della Costituzione vom Bahnhof zum Piazzale Roma. Folglich sind Gondelfähren notwendig, die an verschiedenen Stellen Passagiere über den Canal Grande setzen (z. B. bei S. Angelo, Ca' d'Oro oder an der Punta della Dogana; 2 €). Man erkennt sie an den grün-goldenen Schildern. Die Traghetti verkehren unregelmäßig, manche stellen den Betrieb am Sonntag ein › **S. 135**.

Gondel

Sie sind das Sinnbild und Wahrzeichen der Stadt, und wer es sich finanziell erlauben kann, sollte auch eine Gondelfahrt unternehmen – lautlos durch die Kanäle gleiten, allenfalls begleitet vom Gesang des Gondoliere. Die Tarife sind in der Regel an den Gondelstationen angeschlagen. Eine 30- bis 40-minütige Gondelfahrt kostet rund 80 € für eine Kleingruppe bis max. 6 Pers. bzw. 20–30 € pro Pers., nachts wird es teurer (100 €) › **S. 134**.

Eine Gondelfahrt gilt vielen immer noch als der Höhepunkt eines Venedig-Besuchs

Unterkunft

Die rund 20 000 Betten in Venedig sind vor allem im Sommer, zu Silvester, Karneval, Ostern und Pfingsten rasch ausgebucht, frühzeitige Reservierung wird dringend empfohlen.

In der Lagunenstadt zu übernachten hat seinen Preis – und ist mit der 2011 eingeführten Tourismussteuer noch teurer geworden › **S. 46**. In den mittleren und unteren Hotelkategorien sind die Zimmerpreise bisweilen verhandelbar. **Hotelverzeichnisse** erhält man gratis in den Touristeninformationen › **S. 152**; es gibt auch Listen mit alternativen Unterkünften wie Jugendherbergen, Gästehäuser oder Campingplätze. Viele Besucher nutzen auch das Bed-&-Breakfast-Angebot, das jedoch nicht zwingend günstiger ist.

Über diverse Internetseiten kann und sollte man sich vorab das passende Quartier suchen, z. B. bei www.venere.com, www.venedig.com oder www.in-venice.com. Günstigere Alternativen sind Apartments (mit Küchenzeile), zu finden z. B. unter www.venicerentapartments.com.

Wer viel **Gepäck** dabeihat, sollte darauf achten, dass die Unterkunft nicht zu abgelegen ist, oder einen Gepäckträger engagieren (ca. 18 €).

Luxuriöse Hotels

Belmond Hotel Cipriani €€€ [E6]

Ein Haus der Luxusklasse, das der Besitzer von Harry's Bar 1963 in einer umgebauten Bootswerft etablierte. Ruhige Lage mit schönem Blick auf den Lido und die Lagune, gepflegte Gartenanlage, herrlicher Pool.

- Giudecca 10
  Tel. 0800 183 07 81
  www.belmond.com

Danieli €€€ [E4]

In dem restaurierten Palazzo der Dogenfamilie Dandolo aus dem 15. Jh. findet man Kronleuchter aus Muranoglas und goldverzierte Deckengewölbe. Grandioser Blick auf San Giorgio Maggiore!

- Castello 4196
  Riva degli Schiavoni
  Tel. 04 15 22 64 80
  www.danielihotelvenice.com

Excelsior €€€

In dieser Nobelherberge mit eigenem Strand logiert die Prominenz während der Filmfestspiele.

- Lido | Lungomare Marconi 41
  Tel. 04 15 26 02 01
  www.hotelexcelsiorvenezia.com

Hotel-Legende am Lido: das Excelsior

Spitzenhotels

Aman Canal Grande Venice €€€ [D4]
Überaus luxuriöse Unterkunft mit Spa
und Dachterrasse in einem Palazzo aus
dem 16. Jh.
- Palazzo Papadopoli
  San Polo 1364 | Calle Tiepolo
  Tel. 04 12 70 73 33
  www.aman.com

Cavalletto & Doge Orseolo €€€ [D4]
Traditionsreicher Palazzo am malerischen
Gondelhafen Orseolo. Schon Richard
Strauß und Winston Churchill nahmen
hier Quartier.
- San Marco 1107
  Tel. 04 15 20 09 55
  www.hotelcavallettovenice.com

La Fenice et des Artistes €€€ [D4]
Von Künstlern bevorzugte Adresse gleich
neben dem Theater La Fenice, mit re-
nommiertem Restaurant.
- San Marco 1936
  Tel. 04 15 23 23 33
  www.fenicehotels.com

Londra Palace €€€ [E4]
Hotelklassiker mit 53 Zimmern im Bieder-
meier-Stil, dem Restaurant **Do Leoni**
und einem traumhaften Blick auf die
Lagune.
- Castello 4171 | Riva degli Schiavoni
  Tel. 04 15 20 05 33
  www.londrapalace.com

Mittelklassehotels

Agli Alboretti €€–€€€ [C5]
Nettes kleines Hotel mit gutem Restaurant, gleich hinter der Accademia.
- Dorsoduro 884 | Accademia
  Tel. 04 15 23 00 58
  www.aglialboretti.com

Palazzo Stern €€–€€€ [C4]
Der hinreißend schöne Palast am Canal
Grande ist heute eine der besten Adressen der Stadt. Allein die Außenterrasse
mit Blick auf Venedigs Wasserstraße
lohnt den Aufenthalt.
- Dorsoduro 2792 | Calle del Traghetto
  Tel. 04 12 77 08 69
  www.palazzostern.com

American €€ [C5]
Hübsches, ruhiges Hotel ganz nahe beim
Guggenheim-Museum. Einige Zimmer
mit Blick auf den Kanal.
- Dorsoduro 628 | Campo San Vio
  Tel. 04 15 20 47 33
  www.hotelamerican.it

La Calcina €€ [C5]
Bei Bohemiens aus aller Welt beliebte
Herberge am Giudecca-Kanal mit Terras-
senrestaurant auf dem Wasser.
- Dorsoduro 780 | Zattere ai Gesuati
  Tel. 04 15 20 64 66
  www.lacalcina.com

La Residenza €€ [F4]
Geräumige, stilvoll mit Antiquitäten und
historischen Gemälden ausgestattete
Zimmer in einem liebevoll restaurierten
Palazzo aus dem 15. Jh.
- Castello 3608
  Campo Bandiera e Moro
  Tel. 04 15 28 53 15
  www.veniceresidenza.com

Locanda Fiorita €€ [C4]
Kleines Hotel an einem pittoresken Platz
mit 9 Zimmern, einige davon mit Balkon.
Nette Atmosphäre.
- San Marco 3457/A | Campiello Nuovo
  Tel. 04 15 23 47 54
  www.locandafiorita.com

Locanda La Corte €€ [E3]
Nettes Boutiquehotel in einem Palazzo aus dem 16. Jh. Das Frühstück wird im begrünten Innenhof serviert.
• Castello 6317 | Calle Bressana
Tel. 04 12 41 13 00
www.locandalacorte.it

Residenza Cannaregio €€ [C2]
Erst Kirche, dann Gondelmanufaktur, heute schickes Aparthotel mit Restaurant und Bar.
• Cannaregio 3210/A
Tel. 04 15 24 43 32
www.eurostarshotels.de

Einfache Hotels und Pensionen

Ai Tolentini € [B3]
Kleines Hotel in der Nähe des Piazzale Roma, freundlicher Service, günstige Preise. Frühstücken kann man in einer Bar um die Ecke.
• Santa Croce 197/G
Calle Amai
Tel. 04 12 75 91 40
www.albergoaitolentini.it

Antica Locanda Montin € [C5]
Beliebtes Hotel mit gleichnamigem Restaurant, in dem früher die Künstlerszene Venedigs verkehrte.
• Dorsoduro 1147
Tel. 04 15 22 71 51
www.locandamontin.com

Locanda del Ghetto € [C2]
Neben dem Museo Ebraico gelegene, familiär geführte Pension mit nur 6 Zimmern, alle mit eigenem Bad.
• Cannaregio 2892–2893
Tel. 04 12 75 92 92
www.locandadelghetto.net

! Erstklassig

Stille Oasen

• **Pension Accademia Villa Maravege** €€€ [C5]
Zauberhaftes Hotel in einem Palazzo aus dem 17. Jh. nahe Accademia. Der Garten ist eine Oase der Ruhe.
Dorsoduro 1058
Tel. 04 15 21 01 88
www.pensioneaccademia.it
• **Abbazia** €€ [B3]
In dem sorgsam restaurierten ehemaligen Kloster nahe am Bahnhof Santa Lucia nächtigt man heute in 50 nostalgischen Zimmern, z.T. mit Blick auf den wunderschönen Klostergarten.
Cannaregio 68
Calle Priuli dei Cavaletti
Tel. 041 71 73 33
www.abbaziahotel.com
• **Belle Arti** €€ [C5]
Hinter der Accademia, mit 67 Zimmern. Im Sommer lockt ein hübscher Garten mit Springbrunnen im Innenhof.
Dorsoduro 912/A
Rio Terrà Foscarini
Tel. 04 15 22 62 30
www.hotelbelleartivenice.com
• **Flora** €€ [D5]
42 individuelle Zimmer in einem ehemaligen Palazzo nahe San Marco. Wohltuenden Schatten findet man im begrünten Innenhof, in dem man frühstückt.
San Marco 2283/A
Tel. 04 15 20 58 44
www.hotelflora.it

Essen & Trinken

Venezianische Küche kann ganz hervorragend sein – sie in Venedig zu finden, noch dazu zu erschwinglichen Preisen, ist allerdings ein kleines Kunststück. Auf den Inseln erlebt die authentische venezianische Küche jedoch gerade eine Renaissance.

Ein Menü umfasst üblicherweise drei Gänge: Vorspeise, Hauptgericht mit Beilagen, die extra bestellt und berechnet werden, Nachtisch (Käse, Obst, Kuchen). Zur Abrundung nimmt man einen Espresso *(caffè)*, gegebenenfalls mit Cognac oder Grappa. *Coperto* (Gedeck) wird stets separat berechnet und enthält das Brot. Bestellt man à la carte, gibt es preislich nach oben hin keine Grenzen. Doch sieht man einmal von den unzähligen Touristenlokalen ab und entscheidet sich bewusst gegen das fast überall offerierte *menu turistico,* so wird man feststellen, dass viele Restaurants, Trattorien oder Osterien ganz passable, bodenständige Gerichte servieren. Die Pizza, zu der Italiener Bier trinken, ist auch in Venedig überall zu haben.

Venezianische Küche

Die venezianische Küche ist traditionell eine Fischküche; von *anguilla* (Aal) bis *zuppa di pesce* (Fischsuppe) reicht das Kaleidoskop der Spezialitäten. Einmal sollte man sich eine *grigliata mista* (gemischte Fischplatte vom Grill) leisten. Kenner machen Umwege für *risotto di pesce* (Fischrisotto) oder *granseola* (Meeresspinne), die in ihrem bizarren Panzer serviert wird.

Beliebt bei Einheimischen sind *pasta nera* (schwarze Nudeln) und *risotto nero* (schwarzer Reis), für deren Farbe der Tintenfisch sorgt. Ein typischer Menüvorschlag in Venedig wären auch *sarde in saor* (Sardinen in Essig und Öl) und *seppie alla veneziana* (Tintenfisch mit Polenta). Häufig auf den Tisch kommen auch Muschelgerichte wie in Olivenöl gebratene Jakobsmuscheln *(capesante alla veneziana).*

Zu den wenigen lokalen Fleischspezialitäten gehört *fegato alla veneziana,* Kalbslebergeschnetzeltes mit Zwiebeln und Petersilie in Olivenöl.

Weine aus dem Veneto

Offene Tischweine *(vino sfuso)* sind Tocai und Soave (weiß) sowie Merlot und Cabernet (rot). Wer Veneto-Weine kennenlernen möchte, sollte sich in einer Enoteca nach Pinot Grigio, Pinot Bianco, Sauvignon (weiß) oder den Roten Raboso, Refosco und Marzemino umsehen.

Nach Feierabend gehen die Venezianer gern auf einen *spritz* in die Bar – ein sprachliches Relikt der österreichischen Besatzung. Bei diesem Getränk werden Weißwein und Mineralwasser mit Campari oder Aperol gemischt. Soll's genussvoller sein, bestellt man Prosecco oder Cartizze.

Im Speisesaal der Pizzeria Casin dei Nobili lässt sich das Dach öffnen

Empfehlenswerte Restaurants

Antico Martini €€€ [D4]
Traditionsreiches Restaurant und Weinbar mit vorzüglicher Küche, Interieur mit Antiquitäten und Ölgemälden.
• San Marco 1983
Campo Teatro Fenice
Tel. 04 15 22 41 21
www.anticomartini.com

Bentigodi €€€ [C2]
Im Winter sollte man die köstlichen Artischocken aus Sant'Erasmo probieren. Ganzjährig sind Fisch und die Kalbsleber *alla veneziana* ein Gedicht.
• Cannaregio 1423 | Ponte delle Guglie
Tel. 04 18 22 37 41
www.bentigodi.com

Corte Sconta €€€ [F4]
Insider-Fischrestaurant, auch mit reicher Vor- und Nachspeisenauswahl; schlichturiges Ambiente. So, Mo geschl.
• Castello 3886 | Calle del Prestin
Tel. 04 15 22 70 24
www.cortescontavenezia.it

Terrazza Danieli €€€ [E4]
Terrassenrestaurant des gleichnamigen Hotels mit traumhaftem Blick über die Lagune und hohem Niveau.
• Castello 4196 | Riva degli Schiavoni
Tel. 04 15 22 64 80
www.terrazzadanieli.com

Casin dei Nobili €€–€€€ [C4]
Urgemütliche Pizzeria, auch mit Tischen unter freiem Himmel, in der natürlich nicht nur Pizzen serviert werden. Abends unbedingt reservieren! Do geschl.
• Dorsoduro 2756 | San Barnaba
Tel. 042 41 18 41

Al Ponte €€ [F4]
Typisch venezianisches Lokal, das eine köstliche Auswahl an *cicchetti,* aber auch fangfrischen Fisch und diverse Fleischgerichte bietet. Urig!
• Cannaregio 6378 | Ponte del Cavallo
Tel. 04 15 28 61 57

Da Rioba €€ [D2]
Bei Einheimischen beliebtes Lokal mit Plätzen im Freien am Kanal und leichter,

! Erst-klassig

Wo die Venezianer einkehren

• **Alla Vedova** €€ [D3]
Am Tresen speist man zu einem Glas Weißwein oder Prosecco Artischocken im Teigmantel, eingelegte Auberginen, frittiertes Gemüse, *sarde in saor* **50 Dinge** ⑰ › S. 14, Fleisch- oder Fischfrikadellen, Muscheln oder Krustentiere. Do und So mittags geschl.
Cannaregio 3912 | Calle del Pistor
Tel. 04 15 28 53 24

• **Alle Testiere** €€ [E4]
Unbedingt reservieren! Denn die wenigen Tische in der gemütlichen Osteria, die für ihre ausgezeichnete Fischküche bekannt ist, sind am Abend rasch besetzt. So und Mo geschl.
Castello 5801
Calle del Mondo Nuovo
Tel. 04 15 22 72 20

• **Ai Rusteghi** €€ [D3]
In einem charmanten kleinen Innenhof nahe Rialto, aber fernab des Trubels, werden fantastische *cicchetti* serviert.
San Marco 5513
Campiello del Tentor
Tel. 04 15 23 22 05

• **Dalla Marisa** €–€€ [B2]
Auf der Karte des schlicht eingerichteten Landhauses stehen hervorragende Fisch- und Wildgerichte. Viele Arbeiter der nahen Gondelwerft kehren hier ein.
Cannaregio 652/B
Fondamenta San Giobbe
Tel. 041 72 02 11

innovativer Küche, z.B. süß-saure Scampi mit Ingwer. Mo geschl.
• Cannaregio 2553
Fondamenta della Misericordia
Tel. 04 15 24 43 79
www.darioba.com

Do Mori €€ [D3]
Ältestes Bàcaro der Stadt mit mehr als 100 hervorragenden Weinen, dazu werden Fischfrikadellen, Ochsenzunge und andere *cicchetti* serviert. So geschl.
• San Polo 429 | Calle dei Do Mori
Tel. 04 15 22 54 01

La Zucca €€ [C3]
Kleines Restaurant am Kanal, auch vegetarische Küche mit tollen Kürbisgerichten im Herbst. So geschl.
• Santa Croce 1762 | Ponte del Megio
Tel. 04 15 24 15 70
www.lazucca.it

Trattoria Giorgione €–€€ [G5]
Der Familienbetrieb serviert Seafood-Platten und gegrillten Fisch (köstlich ist auch das Fischrisotto!). Dazu gibt's häufig Gitarrenmusik von Lucio Bisutto, dem Eigentümer des Restaurants. Mi geschl.
• Castello 1533 | Via Garibaldi
Tel. 04 15 22 87 27

Oke € [B5]
Riesige Auswahl an Pizzen zu vernünftigen Preisen. Im Sommer ein herrliches Plätzchen am Giudecca-Kanal, wo ein laues Lüftchen weht. Häufig voll, sodass man schon mal ein Weilchen auf sein Essen warten muss. Studentische Atmosphäre. Tgl. bis 23 Uhr.
• Dorsoduro 1414 | Zattere
Tel. 04 15 20 66 01
www.okevenezia.com

Shopping

Typische Venedig-Mitbringsel sind kostbare Seidenstoffe, Spitze, handgeschöpftes oder marmoriertes Papier, alte Glasperlen und Muranoglas in allen Variationen.

Im Markusviertel liegen die Haupteinkaufsstraßen wie die Mercerie, die Frezzeria, die Salizzada San Moisè oder die Calle Larga XXII. Marzo. Die großen Modeschöpfer haben hier ihre Filialen: Prada, Versace, Laura Biagiotti, Valentino und Bulgari. Wesentlich entspannter einkaufen lässt es sich in den kleinen, aber ganz hervorragenden Geschäften in Dorsoduro.

In San Marco

Alberto Valese [C4]

Die Herstellung von marmoriertem Papier zählte in der Blütezeit des Handels zu den Spezialitäten der Republik; es war fälschungssicher und somit ideal für diplomatische Korrespondenzen. 1970 wurde die Produktion von Alberto Valese aus dem Dornröschenschlaf erweckt.

- San Marco 3471
  Campo Santo Stefano
  www.albertovalese-ebru.it

Venetia Studium [D5]

Eine Gruppe junger Designer stellt Seidenlampen oder -plisseekleider her – der Erfindung des großen spanischen Malers und Bildhauers Mariano Fortuny nachempfunden. Die hauchzarten Plisseestoffe schmiegen sich wie eine zweite Haut an den Körper an.

- San Marco 2425
  www.venetiastudium.com

Venini [E4]

Berühmte Designer wie Gio Ponti und Tapio Wirkkala haben mit Venini kooperiert. Sie schufen moderne Kunstwerke aus Glas, die im Venini-Showroom effektvoll in Szene gesetzt werden.

- San Marco 314
  Piazzetta dei Leoncini
  www.venini.com

Galleria Marina Barovier [C4]

Man wähnt sich in einem Museum für moderne Kunst: Das, was Marina und ihr Mann Marino, der aus einer alten Glaskünstlerfamilie stammt, hier an modernen Glaskunstwerken geschaffen haben, ist überwältigend. Internationale

Namhafte Designer entwarfen für Venini Kostbarkeiten aus Muranoglas

Die Schuhdesignerin Giovanna Zanella ist weit über Venedig hinaus bekannt

Glaskünstler stellen in den neuen Galerieräumen ihre Werke aus. Absolut sehenswert! So, Mo geschl.

• San Marco 3216
Salizada San Samuele
www.barovier.it

Libreria Goldoni [D4]

Wer ein Kunstbuch oder einen Bildband über Venedig sucht, sollte hier auf jeden Fall reinschauen. Die neben dem Goldoni-Theater gelegene Buchhandlung verfügt über ein gutes Sortiment an Venedig-Titeln, Reiseführern etc. Auch englischsprachige Bücher sind im Angebot. So geschl.

• San Marco 4742 | Calle dei Fabbri
www.libreriagoldoni.com

In Castello

Qshop [E4]

Im Museumsladen der Fondazione Querini Stampalia finden sich tolle Mitbringsel: Schmuck, Textilien, Glasobjekte, Bücher u. v. a. m.

• Castello 5252
Santa Maria Formosa

Giovanna Zanella [E4]

Sie ist ohne Zweifel die berühmteste Schuhdesignerin Venedigs: In Giovanna Zanellas Werkstatt entstehen schrille, freche, auf jeden Fall außergewöhnliche Schuhe, ganz nach Wunsch und Vorliebe ihrer Klientel. Dass man schon mal 400 € für ein Paar hinblättern muss, stört die solvente Kundschaft nicht. Auch nicht, dass man sich rund drei Monate gedulden muss, bis man das fertige Paar zum ersten Mal tragen kann. So geschl.

• Castello 5641 | Campo San Lio
www.giovannazanella.it

In Cannaregio

Nicolao Atelier [C2]

Preisgekrönte Kostüme, die an Theater- und Opernhäusern und im Kino für Furore sorgten, stammen aus dieser alteingesessenen Schneiderwerkstatt. Hier kann man sich stilvoll-exklusiv z. B. für den Karneval ausstatten. So geschl.

• Cannaregio 2590
Fondamenta della Misericordia
www.nicolao.com

Bianco Nero [D3]

Die Adresse für Kunstfotografie: Vittorio Pavan verkauft in seiner Galerie außergewöhnliche Schwarz-Weiß-Aufnahmen, darunter Venedigmotive abseits gängiger Klischees. So geschl.

• Cannaregio 4541
  Salizada del Pistor
  www.bianconero-venezia.it

In San Polo

Atelier Pietro Longhi [C4]

Die berühmten Karnevalsmasken in den unterschiedlichsten Ausführungen, bunt und schrill oder klassisch und dezent gibt es hier, dazu Perücken, venezianische Schuhe, Waffen und wunderbar gearbeitete historische Kostüme, die man auch ausleihen kann.

• San Polo 2608
  Rio Terà Frari
  www.pietrolonghi.com

Gilberto Penzo [C4]

Modelle von venezianischen Gondeln und Schiffen der Serenissima, mit Hingabe und Liebe zum Detail hergestellt, stehen hier zum Verkauf **50 Dinge** ㉛ › **S. 15**. Gilberto Penzo ist Künstler und Bootshistoriker – *der* Spezialist für venezianische Schiffstypen.

• San Polo 2681
  Calle Seconda dei Saoneri
  www.veniceboats.com

In Santa Croce

Carta Venezia [D3]

Diverse Techniken, unterschiedlichste Motive, und am Ende entstehen interessante Papierobjekte. Sehr sehenswert. So und Mo vormittags geschl.

• Santa Croce 2125
  Calle Longa

! Erst-
klassig

Die schönsten Märkte

• **Erberia** [D3]
  Auf dem berühmten Rialtomarkt wird neben Fisch auch frisches Obst, Gemüse, Wurst und Käse zum Verkauf angeboten – alles hübsch drapiert. Hier besorgen Venedigs Hausfrauen die Zutaten fürs Mittagessen › **S. 94**.

• **Pescheria** [D3]
  In der Fischmarkthalle aus dem beginnenden 20. Jh. gleich hinter dem Obst- und Gemüsemarkt wird Fangfrisches aus der Lagune stimmgewaltig angepriesen – ein Erlebnis › **S. 94**.

• **Gemüseschiff** [C4]
  An der Brücke der Faustkämpfer liegt in den Sommermonaten ganz malerisch ein Gemüseschiff vor Anker. Hier macht das Einkaufen richtig Spaß › **S. 136**.

• **Campo Santa Margherita** [C4]
  Auf dem volkstümlichen Platz wird tagsüber, wie an vielen anderen Stellen Venedigs auch, ein kleiner Obst- und Gemüsemarkt abgehalten › **S. 136**.

• **Flohmärkte**
  Besonders hübsch sind der Mercatino dei Miracoli auf dem Campo Santa Maria Nova, der Mercatino delle Robe da Mar auf der Via Garibaldi und der Mercatino di Polvere di Ricordi, der u.a. am Campo San Silvestro und Campo Sant'Agnese abgehalten wird. Die aktuellen Termine kennt die Touristeninformation › **S. 152**.

! Erst-
klassig

Ganz besondere Mitbringsel

....

- **Bressanello Artstudio** [C4]
  Fotografien als echte Kunstwerke:
  Fassadendetails, die sich in einer
  Pfütze spiegeln, stille Räume,
  mystisch-dunstige Lagune … Fa-
  bio Bressanello arbeitet auch mit
  internationalen Architekten und
  Designern zusammen. So geschl.
  Dorsoduro 2835/A
  Ponte dei Pugni
  www.fabiobressanellophoto.com
- **Ca' del Sol** [E4]
  Beeindruckende handgemachte
  Masken in großer Auswahl und
  in allen Preislagen. In der ange-
  schlossenen Werkstatt werden
  auch Kurse angeboten.
  So geschl.
  Castello 4964
  Fondamenta de l'Osmarin
  www.cadelsolmascherevenezia.
  com
- **L'Isola** [C4]
  Die modernen Kunstobjekte, Glä-
  ser und Vasen aus der Werkstatt
  Carlo Moretti zählen zu den
  schönsten in ganz Venedig.
  San Marco 2970
  Calle delle Botteghe
  www.lisola.com
- **Legatoria Polliero** [C4]
  Alteingesessener Buchbinder, der
  eine Fülle von Notiz-, Adress-
  und anderen Büchern aus wun-
  derschönem marmoriertem Pa-
  pier anbietet. So geschl.
  San Polo 2995
  Calle dei Frari

Venice Research [C3]
Stefano Pio restauriert und verkauft historische Saiteninstrumente. Besuch nach
telefonischer Vereinbarung.
- Santa Croce 2165 | Calle della Chiesa
  Tel. 033 95 60 96 37
  www.veniceresearch.com

In Dorsoduro

Annelie [C5]
Maßgeschneiderte Leinenblusen, Tischwäsche, Vorhänge, verspielte Mädchen-
kleider – wer in Venedig etwas auf sich
hält, kauft bei Annelie Pizzi ein. Die
Chefin spricht Deutsch. Sa Nachmittag
und So geschl.
- Dorsoduro 2748
  Calle Lunga San Barnaba

Loris Marazzi Scultore [B4]
Was auf den ersten Blick aussieht wie
ein gebügeltes, zusammengefaltetes
Hemd, ein Hut, eine Ledertasche, ein
Slip oder ein BH an der Wäscheleine,
entpuppt sich bei genauerem Hinsehen
als Kunstwerk aus Holz. Nicht ganz bil-
lig, aber wirklich originell und witzig.
Tgl. 10–13, 15–19.30 Uhr.
- Dorsoduro 369
  Am Peggy Guggenheim Museum
  www.lorismarazzi.com

Madera [C4]
Für alle, die skandinavisch inspiriertes
Design mögen: Francesca Meratti fertigt
wunderschönes Keramikgeschirr und
Wohnaccessoires aus Holz. In der mo-
dern gestylten Ladengalerie werden auch
Objekte anderer italienischer Designer
präsentiert. So geschl.
- Dorsoduro 2762
  Campo S. Barnaba
  www.maderavenezia.it

Am Abend

Dank der Oper und zahlreicher klassischer Konzerte in stimmungsvoller Kulisse kommen Musikliebhaber in Venedig voll auf ihre Kosten. Bars, Musikclubs und Diskotheken gibt es hingegen nur wenige.

Hauptanlaufstellen der Nachtschwärmer sind der Campo Santa Margherita und das Cannaregio-Viertel. Wer tanzen will, fährt am besten nach Mestre, im Sommer öffnen auf dem Lido Stranddiskos. An kulturellen Veranstaltungen wie Theateraufführungen und Konzerten mangelt es indes nicht. Das Abendprogramm der Kinos, Theater und Konzertsäle finden Sie in der Tageszeitung »Il Gazzettino«. Über aktuelle Veranstaltungen informieren auch online Agenda Venezia (www.agendavenezia.org) und die bei den Touristeninformationen erhältliche Broschüre »Un Ospite di Venezia – A Guest in Venice« (www.unospitedivenezia.it).

Theater

Teatro Malibran [E3]

Eines der ältesten (1678), ehemals schönsten und größten und neben dem La Fenice › S. 43, 84 auch das bedeutendste Theater Venedigs, an dem Carlo Goldoni zeitweise arbeitete. Nach dem Brand im La Fenice 1996 diente das Teatro Malibran als Ausweichquartier.

• Cannaregio 5873
Campiello Malibran | Nähe Rialto
Tel. 041 24 24 (Call Center)
www.teatrolafenice.it

Teatro Goldoni [D4]

Das Schauspielhaus wurde bereits im 17. Jh. gegründet und zählt somit zu den ältesten Bühnen der Stadt. Es trägt den Namen des Komödiendichters Carlo Goldoni (1707–1793), dessen Werke neben anderen venezianischen Klassikern regelmäßig auf dem Spielplan stehen.

• San Marco 4650/B | Calle Goldoni
Tel. 04 12 40 20 11 oder
04 12 40 20 14
www.teatrostabileveneto.it

Wer sich für moderne, experimentelle Inszenierungen interessiert, sollte einen Blick in das Programm des **Teatro a l'Avogaria** [B5] in Dorsoduro (1617, www.teatroavogaria.it) werfen.

Klassische Konzerte

Das ganze Jahr über findet man in Venedig ein breit gefächertes Angebot an Konzerten, wobei der Akzent auf Werken des 18. Jhs. liegt, der großen Zeit der venezianischen Komponisten Antonio Vivaldi und Baldassare Galuppi. Auf der Straße werden viele der Konzerte beworben, die dann am Abend – atmosphärisch schön – in Kirchen, Scuole und Palazzi stattfinden. Wer ein Konzert z. B. von Interpreti Veneziani › S. 43 besuchen möchte, sollte unbedingt vorher reservieren. Eine Alternative: **Musica a Palazzo** [D5], Opern- und Musikabend in einem Palazzo am Canal Grande (San Marco 2504, Fond. Duodo o Barbarigo, www.musicapalazzo.it, 70 €).

Wie Phönix aus der Asche auferstanden: das Gran Teatro La Fenice

Musica in Maschera [B4]

Sänger und Musiker der besten italienischen Orchester bieten in historischen Kostümen Opern und Ballette des 18. Jhs. dar.

- Scuola Grande dei Carmini
  Dorsoduro | Tel. 04 15 28 76 67
  www.musicainmaschera.it

Virtuosi di Venezia [E4]

Stimmungsvolle Vivaldi-Konzerte, bei denen man sich zurückversetzt fühlt in die Zeit des großen venezianischen Komponisten › S. 117.

- San Marco | Ateneo di San Basso
  Tel. 04 15 28 28 25
  www.virtuosidivenezia.com

Nachtklub

Piccolo Mondo [C5]

Der traditionsreiche Klub »El Souk« nahe der Accademia, eröffnet 1963, ist heute eine winzige Disko und Pianobar mit schickem Publikum. Tgl. 23–4 Uhr, Eintritt.

- Dorsoduro 1056/A
  Tel. 04 15 20 03 71
  www.piccolomondo.biz

Livemusik

Paradiso Perduto [C5]

In der ausgesprochen beliebten Studentenkneipe mit Kultstatus › S. 111 gibt es Livemusik und hausgemachte Pasta. Auch Tische im Freien am Kanal. Do–Di 19–2 Uhr, So auch mittags.

- Cannaregio 2640
  Tel. 041 72 05 81

Ruga Rialto [D3]

Nette Osteria mit gutem Essen und angenehmer Atmosphäre, abends stehen regelmäßig Jazz- und Blueskonzerte sowie Lesungen auf dem Programm. Di–So 10–15, 18–24 Uhr.

- San Polo 692 | Ruga Rialto
  Tel. 04 15 21 12 43

Nuovo T.A.G. Club

Zur Institution avancierter Underground-Klub, gute Livemusik unterschiedlicher Stilrichtungen und international bekannte DJs. Tgl. 22–5 Uhr.

- Mestre | Via Giustizia 19
  Direkt am Bahnhof
  Tel. 0 41 92 19 70

Martini Scala Club [D4]

Noblesse oblige in der vom benachbarten Restaurant Antico Martini betriebenen Pianobar. Tgl. außer Di 22–3.30 Uhr, warme Küche bis 2 Uhr, danach Snacks.

• San Marco | Campo San Fantin 1980
  Tel. 04 15 22 41 21

Venice Jazz Club [C4]

Lokale und internationale Musiker begeistern in dieser gemütlichen Jazzkneipe mit Wohnzimmeratmosphäre ihr Publikum. So und Aug. geschl.

• Dorsoduro 3102
  Ponte dei Pugni
  Tel. 04 15 23 20 56
  www.venicejazzclub.com

Junge Szene

Bacaro Jazz [D3]

Gut besuchte, gemütliche Jazz- und Cocktailbar mit Restaurant; nahe der Rialtobrücke. Tgl. geöffnet, warme Küche 13–2 Uhr, Happy Hour 16–19 Uhr.

• San Marco 5546
  Tel. 04 15 28 52 49
  www.bacarojazz.com

Barcollo [D3]

Angesagte Location nahe der Rialtobrücke, in der man sich auf einen Cocktail und zum Feiern trifft. Tgl. 10–20 Uhr.

• San Polo 219
  Campo Bella Vienna
  Tel. 04 15 22 81 58

Da Codroma [B4]

Livemusik, Ausstellungen und Billard in einer rustikalen Osteria, bei Studenten beliebt. Do, Fr 8–16, 18–23, Sa 10–16, 18–23 Uhr, Mo–Mi nur tagsüber.

• Dorsoduro 2540 | Fondamenta Briati
  Tel. 04 15 24 67 89

**! Erst-
! klassig**

Kulturelle Höhepunkte am Abend

• **Gran Teatro La Fenice** [D4]
  Das La Fenice zählt zu den bedeutendsten Opernhäusern der Welt. Alle großen Soprane und Tenöre haben hier gesungen › S. 84.
  San Marco 1965 | Campo S. Fantin
  Tel. 041 78 65 11
  Kartenverkauf an der Biglietteria oder unter www.teatrolafenice.it

• **I Musici Veneziani** [D4]
  Das Orchester, in dem einige der besten Musiker Venedigs spielen, gibt großartige Konzerte in der Scuola Grande di San Teodoro, natürlich in historischen Kostümen.
  Scuola Grande di San Teodoro Rialto
  Tel. 04 15 21 02 94
  www.imusiciveneziani.com

• **Interpreti Veneziani** [C5]
  Werke alter Meister wie Vivaldi, mit viel Verve und Begeisterung vorgetragen von einem international engagierten Orchester, und zwar in der Kirche San Vidal – ein tolles Venedig-Erlebnis!
  Chiesa San Vidal
  San Marco 2862/B
  Tel. 04 12 77 05 61
  www.interpretiveneziani.com

• **Opernabende** in der Scuola Grande di San Giovanni Evangelista › S. 99. Beeindruckende Operninszenierungen und Konzerte in einem fantastischen Ambiente. Aktuelle Termine unter www.scuolasangiovanni.it.

Beim Karneval in Venedig stehlen die fantasievollen Kostüme selbst der Lagunenstadt die Schau

LAND & LEUTE

Steckbrief

- **Fläche** (ohne Giudecca und San Giorgio): 7,06 km²
- **Höhe:** 1 m über dem Meeresspiegel
- **Inseln:** 118
- **Brücken:** 411
- **Kanäle:** 170
- **Plätze:** 127
- **Einwohner** (ohne Mestre): knapp 58 000 (2016)
- **Kirchen:** 115
- **Landes-/Ortsvorwahl:** 0039 / 041 (Bestandteil der Tel.-Nr.)
- **Währung:** Euro
- **Zeitzone:** MEZ

Lage

Die Stadt Venedig liegt an der nördlichen Adria, 4 km vom Festland und 2 km vom Meer entfernt, auf 12° 2' östlicher Länge und 41° 25' nördlicher Breite. Mit dem Festland verbunden ist sie durch den rund 4 km langen Ponte della Libertà, über den man mit Auto, Bus oder Bahn die Lagunenstadt erreicht.

Politik und Verwaltung

Alle fünf Jahre wird in Venedig ein Bürgermeister gewählt, maximal zwei Amtszeiten sind möglich. Bei den Wahlen 2010 sicherte sich Giorgio Orsoni, Kandidat des Mitte-Links-Bündnisses, 51,44 % der Stimmen, 2014 stolperte er jedoch über einen Korruptionsskandal in Zusammenhang mit dem MOSE-Projekt. Sein Nachfolger, Luigi Brugnaro, strebt eine »Kulturrevolution« mit zweifelhafter moralischer Stoßrichtung an. Er regiert gemeinsam mit seinem Vize und dem 46 Mitglieder umfassenden Stadtrat.

Venedig ist Hauptstadt der Region Veneto und der Provinz Venezia. Zum Verwaltungsgebiet zählt auch die Lagune mit den Inseln sowie Porto Marghera und Mestre.

Wirtschaft

Venedig lebt fast vollständig vom Tourismus, was zwar z. B. das traditionelle Kunsthandwerk fördert, aber auch negative Folgen zeitigt. Daher wird seit 2011 eine Bettensteuer erhoben, die u. a. zum Erhalt historischer Bauten eingesetzt werden soll. Die Abgabe für die ersten fünf Übernachtungen beträgt maximal 5,50 € pro Nacht, gestaffelt nach Unterkunft und Saison.

Im krassen Gegensatz zur historischen Altstadt Venedigs, die sich aufgrund ihrer Gegebenheiten nahezu jeder Modernisierung versperrt, leben die Städte am Festland, allen voran Mestre und Porto Marghera, in erster Linie von der Industrie. Haupterwerbszweige sind hier Raffinerien, die petrochemische Industrie, Maschinenbau und Textilindustrie, die durch ihre schmutzigen Abwässer (eingeleitet wurden u. a. Quecksilber, Arsen und Dioxine) erhebliche ökologische Probleme in der Lagune verursachten. In einem spektakulären, 1995 begonnenen Prozess wurden die Hauptangeklagten erst frei-, später schuldiggesprochen.

Nun setzt man verstärkt auf den Ausbau des internationalen Hafens, der im Westen Venedigs und in Porto Marghera neue Einkommensmöglichkeiten schaffen soll. Kritiker indes warnen vor den unabsehbaren ökologischen Folgen. Zudem ist die Realisierung dieses – wie auch weiterer Projekte in Venedig – aufgrund der Schuldenkrise in Italien und des zu ihrer Eindämmung aufgelegten Sparkurses fraglich.

Die Menschen

Knapp 58 000 Einwohner (Stand 2016) leben noch im *centro storico,* Tendenz sinkend. Kein Wunder, denn in den Wohnungen fehlt es oft an gefliesten Bädern und Heizungen. Doch Sanierungen kosten in der Wasserstadt wegen der Feuchtigkeit in den Häusern mehr als anderswo – kein Anreiz für Hausherren, zeitgemäßen Wohnraum zu schaffen. Hinzu kommt, dass die Immobilienpreise in Venedig die höchsten Italiens sind – noch vor Rom und Mailand. Die Venezianer ziehen deshalb weg und kommen als Pendler zurück; darunter leidet die Infrastruktur. Kleine Läden müssen schließen, an ihrer Stelle werden Souvenirshops eröffnet.

Die Venezianer mussten sich stets arrangieren; dabei entstand ein wacher, selbstbewusster und kauziger Menschenschlag. Unmut wird nicht versteckt, aber mit einer *ombra,* einem Gläschen Wein, schnell wieder hinuntergespült. Fremden gegenüber ist man in der Regel aufgeschlossen und hilfsbereit.

Sprache

Wäre Dante nicht Florentiner, sondern Venezianer gewesen, dann wäre im 13./14. Jh. nicht der toskanische, sondern der venezianische Dialekt zum Hochitalienisch avanciert. Eigentlich handelt es sich um mehr als einen Dialekt – Venezianisch ist eine Schriftsprache von literarischer Eigenständigkeit. Venedigs berühmtester literarischer Sohn, der Dichter Carlo Goldoni, würdigte im 18. Jh. seine Heimatstadt in zahllosen Theaterstücken.

Der Besucher ist auf Schritt und Tritt mit venezianischen Aufschriften konfrontiert, die vom üblichen Italienisch stark abweichen. Es gibt keine Doppellaute, dafür viele Eigenbildungen; die Schreibung *gheto novo* statt wie zu erwarten *ghetto nuovo* ist venezianisch einwandfrei, so wie *anzolo* für *angelo* steht und *San Zanipolo* die Kirche Santi Giovanni e Paolo bezeichnet. Sogar die Lagunenstadt selbst heißt auf Venezianisch anders: *Venexia.*

Geschichte im Überblick

ca. 1200 v. Chr. Legendäre Einwanderung der Veneter aus Kleinasien nach der Eroberung Trojas durch die Griechen.

181 v. Chr. Mit der Gründung Aquileias im Zuge der römischen Expansion wird auch der Lagunenbereich eingegliedert.

421 n. Chr. Legendäres Gründungsdatum Venedigs, das immer noch jedes Jahr am 25. März gefeiert wird. Ins 5. Jh. fällt auch der Rückzug der Küstenbevölkerung auf die Laguneninseln, die vor den Einfällen der Barbaren aus dem Norden Zuflucht sucht.

539 Das oströmische Kaisertum in Konstantinopel will Italien zurückerobern und bringt zunächst Venedig unter seine Kontrolle.

697 Wahl des ersten Dogen.

812 Im Frieden von Aachen wird dem jungen Staat die Unabhängigkeit von der fränkischen Expansion und die Obhut des fernen Konstantinopel bestätigt.

828 Die legendären Markusreliquien werden in Ägypten geraubt; zwei Jahre später Baubeginn der ersten Markuskirche.

um 1000 Die Kontrolle Istriens und Dalmatiens sichert die Seewege der erfolgreichen Handelsmacht.

1082–1085 Sieg über die Normannen, die den Adriaausgang bedrohen.

1094 Weihe von San Marco.

1177 Venedig vermittelt im Streit zwischen Kaiser und Papst; Barbarossa und Alexander III. treffen sich in San Marco – Venedig ist als Weltmacht anerkannt.

1202–1204 Der Vierte Kreuzzug endet mit der Eroberung Konstantinopels unter Führung des Dogen Enrico Dandolo. Venedig setzt seine Interessen im Kampf gegen den Sultan von Ägypten durch und erreicht den Höhepunkt seiner Kolonialmacht: Der Stadtstaat herrscht über drei Achtel des Byzantinischen Reichs, über die Kykladen und über Kreta. Damit ist der Seeweg bis ans Schwarze Meer gesichert.

1257–1381 Kampf mit Genua um die Vorherrschaft auf den Seewegen; im Frieden von Turin wird Venedigs Macht bestätigt.

15. Jh. Venedig expandiert auf dem Festland; Sicherung der Handelswege über die Alpen und nach Mittelitalien.

1453 Die Osmanen erobern Konstantinopel; Venedig ist vom Fernhandel abgeschnitten.

1454 Frieden von Lodi: Venedig hält sich auf dem Festland den Rücken frei; sein Gebiet begrenzen Po, Gardasee, Alpen und Istrien.

1498 Vasco da Gama entdeckt um das Kap der Guten Hoffnung den Seeweg nach Indien; Venedig verliert seine Vormachtstellung.

1508 »Liga von Cambrai«: Frankreich, Spanien, Kaiser, Papst und italienische Staaten bilden eine tödliche Allianz gegen Venedig; das Augsburger Bankhaus Fugger will den Handelsplatz Venedig aber nicht verlieren und finanziert den Krieg nicht weiter. Trotzdem erleidet Venedig in den darauf folgenden Kriegen große Gebietsverluste.

1570 Zypern fällt an die Türken. Obwohl die Seeschlacht bei Lepanto (1571) von Venedig gewonnen wird, dringen die Türken vor.

1576 Pestepidemie, der u. a. Tizian zum Opfer fällt.

17. Jh. Das Haus Habsburg sowie die Türken bleiben Venedigs politische Bedrohung.

1645 Die Türken besetzen Kreta; jahrzehntelange Kämpfe.

1699 Friede von Karlowitz: Venedig erhält die Peloponnes.

1718 Friede von Passarowitz: Venedig muss auf Beschluss Österreichs und der Türkei seinen gesamten Kolonialbesitz, außer Istrien, Dalmatien und Teile Albaniens, abtreten. Damit ist Venedig keine Macht mehr, nur noch ein Staat.

1796/97 Napoleon besetzt venezianisches Territorium und übergibt 1797 Venedig kampflos an den Erzfeind Habsburg. Das in Europa einzigartige Staatsgebilde der Republik Venedig erlischt nach 1100 Jahren.

1805 Venedig gehört zum napoleonischen Königreich Italien.

1815 Der Wiener Kongress gibt Venedig an Österreich zurück.

1848–1849 Für 17 Monate schüttelt Venedig die österreichische Besatzung ab. 1849 zwingt eine Choleraepidemie die Venezianer zur Kapitulation.

1866 Friede von Wien: Österreich gewährt einen Volksentscheid, der zum Anschluss Venedigs an das neue Königreich Italien führt.

Machtsymbol und Wahrzeichen Venedigs: der geflügelte Markuslöwe

1915–1918 Kriegserklärung Italiens an Österreich; heftige Gefechte auf dem venezianischen Festland im Ersten Weltkrieg.

1933 Eine Straßenbrücke verbindet Stadt und Festland, Ausdruck des Bestrebens der italienischen Faschisten, Venedig zu einer Industriemetropole umzugestalten.

1939–1945 Nach dem Sturz Mussolinis 1943 übernehmen die Nazis die Macht und deportieren Venedigs Juden in Vernichtungslager.

1946 Gründung der Republik Italien nach einem Referendum.

1958 Angelo Giuseppe Roncalli, Patriarch von Venedig, wird Papst Johannes XXIII. (bis 1963).

1966 Eine schwere Sturmflut sucht Venedig heim. Internationale Hilfsprogramme zur Restaurierung der Lagunenstadt.

1979 Wiederbelebung des traditionsreichen Karnevals mit Filmregisseuren wie Federico Fellini.

1984 Gesetzeserlass zum Schutz Venedigs und der Lagune mit dem Projekt »Venezia Nuova«.

1996 Ein Brand zerstört das berühmte Gran Teatro La Fenice.

1997 Separatisten besetzen den Glockenturm von San Marco.

2003 Venedig beginnt mit dem Bau von mobilen Dämmen als Hochwasserschutz.

2009 In einer Gondelprozession wird Venedig symbolisch zu Grabe getragen, als Protest gegen den Bevölkerungsschwund aufgrund extremer Lebenshaltungskosten.

2010 Aus den Bürgermeisterwahlen geht Giorgio Orsoni (Mitte-Links-Bündnis) als Sieger hervor.

2011 Ministerpräsident Berlusconi tritt im Nov. zurück, Nachfolger wird der Ökonom Mario Monti.

2013 Venedig erlebt im Februar eine der schwersten Überschwemmungen seiner Geschichte. Schwierige Regierungsbildung nach den Parlamentswahlen; im Mai einigt man sich auf eine große Koalition, Enrico Letta (Partito Democratico) wird Ministerpräsident.

2014 Nach nur zehn Monaten im Amt reicht Letta offiziell seinen Rücktritt ein. Regierungschef wird nun Matteo Renzi (PD).

2015 Nach einem Korruptionsskandal wird Giorgio Orsoni von Luigi Brugnaro als Bürgermeister von Venedig abgelöst.

2016 Matteo Renzi (PD) tritt als italienischer Regierungschef zurück, der bisherige Außenminister Paolo Gentiloni (PD) bildet die neue Regierung.

2017 Im April soll über den »Venexit« abgestimmt werden, die Loslösung Venetiens von Italien.

Natur & Umwelt

Nach dem Ende der Würmeiszeit (ca. 10 000 v. Chr.) stieg der Meeresspiegel wieder an, und die Adria bekam ihre heutige Gestalt. Drei Flüsse suchten sich von den Alpen ihren Weg: Brenta, Sile und Piave; eine Laune der Natur rückte ihr Mündungsgebiet auf einen kleinen Küstenstreifen zusammen. Aus ihren Ablagerungen formten die Meeresströmungen in Jahrtausenden das flache Lagunenmeer – ein Mischwasserbiotop mit idealen Bedingungen für die Pflanzen- und Tierwelt: geschützte Lage und ständiger Wasseraustausch durch Ebbe und Flut.

Landzungen schirmen die *Laguna Veneta* vom offenen Meer ab: das Litorale del Cavallino, die Inseln Lido und Pellestrina sowie die Landzunge Chioggia-Sottomarina. In der Inselwelt der Lagune fand auch der Mensch günstigen Lebensraum: landwirtschaftliche Flächen auf den Inseln, Fischfang, Salzgewinnung und Salzhandel, dazu eine risikolose Schifffahrt in dem geschützten Wasserrevier. Die drei Durchfahrten Porto di Lido, Porto di Malamocco und Porto di Chioggia stellen als natürliche Schleusen die Verbindung zum offenen Meer her: lebensnotwendig für Schifffahrt und Ökologie der Lagune, lebensbedrohend für die Bewohner durch eindringende Sturmfluten – die letzte kam 1966.

Versinkt Venedig?

Die Lagune verdankt ihr Entstehen jahrhundertelangen Flussablagerungen. Sie wäre wie die Häfen von Aquileia und Ravenna wieder versandet, wenn die Venezianer nicht früh die Flüsse Brenta, Sile und Piave umgeleitet hätten. Als nach dem Ersten Weltkrieg die Industriezonen Porto Marghera und Mestre durch Landaufschüttung in der Lagune geschaffen und eine Rinne für Hochseeschiffe zum Festland ausgehoben wurden, zerstörte man das empfindliche Gleichgewicht zwischen Ablagerungen und Wasserzufluss in der Lagune, über das die Venezianer jahrhundertelang penibel gewacht hatten. Die Landaufschüttungen verkleinerten die Wasserfläche, die Rinne vergrößerte die Wassermenge. Der Wasserspiegel stieg.

Seit Venedig existiert, besteht Hochwassergefahr. Bei Tiefdruck in Norditalien, starkem Südostwind und Flut strömen riesige Wassermengen auf die Lagune zu. Mit Sondergesetzen wie dem Verbot der Grundwasserentnahmen von 1973 wurde ein weiteres Absinken der Stadt verhindert. 1994 wurde die Venezia Spa (Venedig AG) gegründet, um sich des weiteren Schicksals der Stadt anzunehmen.

Projekt MOSE

2003 nahm man das Projekt MOSE in Angriff, seine Fertigstellung 2017 rückt in greifbare Nähe: Die drei Meereszugänge der Lagune sollen mit 79 mobilen Toren verriegelt werden, wenn der Wind die Flutwellen der Adria Richtung Venedig treibt. Umweltschützer befürchten massive ökologische Schäden, weil der notwendige Wasseraustausch nicht mehr gewährleistet wäre. Auch in punkto Finanzen ist das Projekt massiv in die Kritik geraten. Die geschätzten Kosten belaufen sich auf 5,5 Mrd. Euro, viermal mehr als ursprünglich veranschlagt!

Acqua alta – Hochwasser

Wasser spielte immer eine zentrale Rolle für Venedig: Reichtum und Macht verdankte die Lagunenstadt seit jeher dem Meer. Doch das in immer kürzeren Abständen auftretende *acqua alta*, das Hochwasser, das bei starken Winden in die Lagune gedrückt wird und dabei nicht nur den Markusplatz an rund 100 Tagen im Jahr unter Wasser setzt, macht der Stadt zunehmend zu schaffen. Mit Gummistiefeln und über schmale Holzstege bewegen sich Bewohner und Besucher dann gleichermaßen mühsam fort, manche Plätze und Gassen sind gar nicht mehr passierbar. Sehr zum Unmut der Venezianer, die seit Langem einen wirksamen Hochwasserschutz fordern. Infos: www.comunevenezia.it/maree.

Kunst & Kultur

Ganz im Westen des Byzantinischen Reiches gelegen, kehrten Venedigs Handels- und Kriegsschiffe vorwiegend mit Kulturgütern in die Heimat zurück, die sie im Osten des Reiches erbeutet hatten, darunter Skulpturen und wertvolle Ikonen. Die Bindung des jungen Staates an Konstantinopel bedingte folglich den großen Einfluss der byzantinischen Kunst auf Venedig: Die frühmittelalterliche Orientierung an Byzanz gab der venezianischen Kunst über mehrere Jahrhunderte eine Richtung vor, die sich stark von künstlerischen Entwicklungen in Europa absetzte. Byzantinische Künstler wirkten in Venedig, die einheimischen lernten von ihnen, und Kunstwerke aus dem Oströmischen Reich fanden den Weg in die Lagune.

Byzantinische Baukunst

Die 1063 begonnene Kreuzkuppelkirche San Marco ist ein Meisterwerk byzantinischer Baukunst; ihr Grundriss wird bis ins 18. Jh. hinein in venezianischen Kirchen variiert. Charakteristisch für byzantinische Bauten ist der gestelzte, elegant wirkende Rundbogen, den schlanke Säulen mit reich verzierten Kapitellen tragen.

Als im Mitteleuropa des 12. Jhs. der mächtige romanische Rundbogen dominierte, zog Venedig nicht mit – man hatte sich ja von der Rundbogenform aus dem Osten inspirieren lassen. Nur die Wandgliederung mancher Glockentürme erinnert an die Romanik. Und die Staatskirche San Marco erfuhr an der Schauseite eine romanische Korrektur. Den Orientkontakten verdankt die Kunst die arabische Inspiration: Der doppelt gebrochene »Moresco«-Bogen, nach Art der Mauren, entwickelte sich in der Lagunenstadt zu einer zauberhaften Fensterform. In luxuriöser plastischer Ausführung ziert er Nordportal und Schatzkammereingang der Markuskirche. Bei den opulenten Mosaiken stand ebenfalls der Osten Pate.

Das gotische Wunder

Auf dem Weg in die Lagune war der im 12. Jh. in Frankreich entstandenen Gotik der theologische Überbau abhanden gekommen; der gotische Zuckerguss (14. Jh.) der heutigen Markuskirche bestätigt die Übernahme als Dekorationssystem. Am Neubau des Dogenpalasts fließen jedoch die übernommenen Formen in die venezianische Gotik ein, eine Dekorationskunst, die das Stadtbild erheblich veränderte. Eine venezianische Spezialität wurde es, den Spitzbogen wie in einer Schnute enden zu lassen: Die strenge Gotik aus dem Norden verfällt der orientalischen Fantasie und weltlichen Schaulust.

Der Dogenpalast und viele Fassaden am Canal Grande sowie im gesamten Stadtbild erzählen das gotische Wunder. Gleichwohl wirken die wenigen gotischen Kirchen Venedigs breit und behäbig – einmal missfiel den gotisch bauenden Bettelorden allzu großer Aufwand, dann bescherte der Untergrund Fundamentprobleme. So sind Steingewölbe, sonst ehrgeizige Regel, in Venedig die Ausnahme (Santi Giovanni e Paolo). Dafür konstruierten die einheimischen Schiffszimmerer Holzdecken in der Form umgedrehter Schiffsbäuche (z. B. San Giacomo dall'Orio, San Polo) – eine venezianische Besonderheit, ebenso wie die statisch bedingten Holzbalken, die die Arkadenbogen aussteifen (z. B. Frari-Kirche, Santo Stefano).

Renaissance

Der lombardische Stil (benannt nach der Baumeisterfamilie Lombardo) hielt Ende des 15. Jhs. Einzug und hinterließ in Venedig wahre Meisterwerke an Marmorintarsien und -fassaden (Ca' Dario).

Unübersehbar sind die verspielten Halbkreise, die Mauro Codussi besonders liebte (San Zaccaria, Scuola di San Marco). Er errichtete die Ca' Vendramin mit Fensterformen aus der toskanischen Renaissance und als ein Juwel der Frührenaissance den Palazzo Corner-Spinelli.

Mit der Hochrenaissance kam in der Person des Baumeisters Jacopo Sansovino der Geist Roms nach Venedig. Sein Bibliotheksbau macht die Inspirationsquellen venezianischer Kunst auf einen Blick erfassbar: die Markuskirche (Byzantinik aus dem Osten), der Dogenpalast (Gotik aus dem Norden) und die Bibliothek (Renaissance aus dem Westen).

Früh wie nirgendwo setzte aber schon nach Sansovino, der 1570 starb, ein Klassizismus, besser Historismus ein: Die antikisierende Geschossgliederung durch die räumliche Wirkung von Säulen und Bogen blieb verbindlich. Diese Formensprache wird durch Wiederholungen, die keine Imitationen

Venezianische Gotik: die Fassade des Palazzo Ducale

sein wollen, vergröbert und vergrößert; Geschosse und Säulen wachsen an den Bauten, die die bisherige Baulinie übertrumpfen. So entstehen Kolosse, die dem Stadtbild aufgepfropft wirken; Ca' Pesaro, Ca' Labia, Palazzo Grimani, Ca' Rezzonico, Palazzo Grassi, Ca' Grande und Palazzo Pisani sind Variationen des gleichen Themas über 200 Jahre.

Barock in Venedig?

Viele profane und sakrale Bauwerke Venedigs fallen in die Barockepoche, ohne Barockbauten zu sein. Deren Raumidee, in Rom um 1600 entstanden, ist in Venedig sehr selten, stattdessen findet man in der Stadt häufig einen barock-klassizistischen Mischtypus: klassizistische Fassaden, die mit plastischem Bauschmuck überladen sind (San Moisè, San Stae, Santa Maria del Giglio). Ein wahres Meisterwerk des Barock ist allerdings Santa Maria della Salute von Baldassare Longhena.

Weltliche Prachtbauten aus dem 18. Jh. gibt es kaum – die finanziellen Ressourcen der Venezianer waren erschöpft. Den letzten großen Palazzo baute Giorgio Massari 1748 für die Familie Grassi am Canal Grande – kurz darauf brachte Napoleon die Republik endgültig zu Fall.

Giovanni Bellinis »Thronende Madonna mit Kind« in San Zaccaria

Malerei

Die Bindung an den orthodoxen Kanon Konstantinopels bewirkte, dass Venedig die neuen Kunstströmungen kaum wahrnahm. Florenz und Siena, selbst das epochale Werk Giottos in Padua vor der Haustür, blieben unbeachtet. Erst der Neubau des Dogenpalasts gab der Kunst neue Impulse. Man holte fortschrittliche Künstler in die Stadt, etwa Gentile da Fabriano aus den Marken, Pisanello, Paolo Uccello und Andrea del Castagno aus der Toskana.

Berühmte Künstler

Jacopo Bellini (1400–1471): Als Sohn eines Zinngießers geboren, übernahm der begabte Maler von seinem späteren Schwiegersohn Andrea Mantegna (1431–1506) die Stilprinzipien der Renaissance. Sein Sohn **Gentile Bellini** (1429–1507) erhielt von der Republik zahlreiche Aufträge und wurde sogar nach Konstantinopel geschickt. Und auch dessen Bruder **Giovanni Bellini** (1430–1516), berühmt für seine Darstellungen der Muttergottes, wurde zum Staatsmaler der Serenissima und schuf atemberaubende Gemälde, Altarbilder und Landschaften. Beide haben in der Kirche Santi Giovanni e Paolo ihre letzte Ruhestätte gefunden.

Antonello da Messina (1430–1479): Er brachte mit dem neuen Realismus die Öltechnik nach Venedig. Er wirkte auf die andere große Malerfamilie, die Vivarini aus Murano: Beide Familien begründeten den Ruhm der venezianischen Malerei, der sogar den Nürnberger Albrecht Dürer 1505 zum Studium in die Lagune lockte.

Vittore Carpaccio (1455–1526): Als Sohn eines Pelzhändlers geboren, ist über Carpaccios Werdegang nur wenig bekannt. Man vermutet eine enge Beziehung zu den Bellini-Brüdern. Carpaccio gilt als Meister der erzählenden Malerei. Seine Werke schildern auf lebendige Weise Begebenheiten aus den Heiligenlegenden. Zu bewundern sind sie unter anderem in den Gallerie dell'Accademia.

Giorgione (1478–1510): Zusammen mit Tizian lernte Giorgione, der die Malerei revolutionierte, in der Werkstatt von Giovanni Bellini. Giorgione verzichtete auf die Anfertigung von Skizzen und malte stattdessen direkt auf die Leinwand. Die besondere Atmosphäre seiner Werke, etwa »Das Gewitter« (Accademia), entstand durch die farblichen Übergänge.

Tizian (um 1488/90–1576): Als Neunjähriger wurde er in die Lehre geschickt, arbeitete in der Werkstatt von Gentile und Giovanni Bellini und schuf 1508/09 gemeinsam mit Giorgione die heute nicht mehr existierenden Fresken am Fondaco dei Tedeschi. Tizian war getrieben von der Lust an der Farbe. Eines seiner bedeutenden Frühwerke ist die »Assunta«, das knapp

SEITENBLICK

Scuole – Schulen

Das historische Venedig kannte über 60 *scuole* – so hießen die Interessengemeinschaften von Gewerbetreibenden der Kaufmannsstadt, die sich seit Gründung der Republik hauptsächlich karitativen Zwecken widmeten – im Zeichen eines Schutzheiligen, einer Landsmannschaft oder einer Zunft. Die Gewerbe der Bruderschaften florierten, man errichtete eigene Versammlungshäuser, ein neuer Bautypus wurde geprägt: unten Ankunftshalle, oben Saal und Nebenräume mit Hospiz für Geschäftsbesuche. Der wohl nicht unansehnliche Profit floss auch in die luxuriöse Ausstattung. Namhafte Künstler schmückten die Innenräume mit Decken- und Wandgemälden – Carpaccio, Tintoretto und Tiepolo wären allein schon durch die *scuole* unsterblich. Einige dieser Bauten sind heute Museen. Die Scuola Grande di San Rocco › **S. 100** mit Tintorettos grandiosem Gemäldezyklus und die Scuola Dalmata di San Giorgio degli Schiavoni › **S. 121** mit Bildern von Carpaccio sind noch in Originalausstattung erhalten.

7 m hohe Altarbild in der Kirche Santa Maria Gloriosa dei Frari, wo Tizian 1576 beigesetzt wurde › **S. 99**.

Tintoretto (1518–1594): Der Sohn eines Färbers *(tintore)* verbrachte sein ganzes Leben in Venedig, genauer in Cannaregio. Expressive Dramatik kennzeichnet seine Werke: Licht, Raum und Bewegung transzendieren in seiner Bildersprache die Darstellung selbst. Fast alle seiner großen Werke sind in Venedig zu bewundern. Auf keinen Fall verpassen: das »Abendmahl« in der Kirche San Giorgio Maggiore.

Paolo Veronese (1528–1588): Der aus Verona stammende Künstler zählt zu den bedeutendsten Malern der Renaissance. Veronese gestaltete optimistische Diesseitigkeit in heiteren Himmeln. Auffallend: Auf vielen seiner Fresken sind Hunde abgebildet. Da er die sakralen Bilder zum Teil mit lustbetonten Szenen versah, musste Veronese sich sogar vor der Inquisition rechtfertigen.

Tiepolo (1696–1770): Der wohl bedeutendste venezianische Maler des Rokoko und Verehrer Veroneses arbeitete für mehrere bedeutende europäische Fürstenhäuser und wurde 1756 Präsident der gerade ins Leben gerufenen Accademia di Pittura e Scultura.

Canaletto (1697–1768): Er kam mit der Malerei in der Werkstatt seines Vaters, der Bühnenbilder für Theateraufführungen schuf, in Kontakt. Berühmt wurde Canaletto durch seine fast fotorealistisch genauen Venedig-Veduten. Als Hilfsmittel benutzte er eine Camera obscura.

Pietro Longhi (1702–1785): Er war ein malender Chronist des venezianischen Lebens im 18. Jh. Seine bisweilen humorvollen Genreszenen stellen eine hervorragende Quelle für das Studium der venezianischen Kultur- und Sittengeschichte dar.

Francesco Guardi (1712–1793): Der von Canaletto beeinflusste Veduten- und Landschaftsmaler des Rokoko schuf zunächst Altarbilder, konzentrierte sich aber bald auf Venedig-Ansichten. Anders als Canaletto setzte er jedoch nicht auf die exakte Wiedergabe der Wirklichkeit, sondern ließ seiner Fantasie stellenweise freien Lauf.

Theater und Literatur

Venedig selbst brachte keine großen Dichter hervor, aber die Stadt hat über Jahrhunderte hinweg eine starke Faszination auf Schriftsteller aller Herren Länder ausgeübt.

Ureigenste Erfindung der Lagunenstadt ist jedoch die **Commedia dell'arte,** die sogenannte Stegreifkomödie. Sie lebt noch heute in den Karnevalsmasken fort: Die Dienerfiguren Harlekin und Brighella artikulieren in ihren nie endenden Kämpfen mit dem Kaufmann Pantalone und dem Doktor Mut und Unmut des Volkes. Aus Standardsituationen und Improvisationen bestanden die Abläufe, bis Carlo Goldoni (1707–1793) die Stoffe literarisch fasste und zum Reformator der italienischen Komödie wurde.

Kaum jemand hat die Schönheit und Exklusivität der Lagunenstadt so eindringlich erfasst wie der russische Dichter und Literaturnobelpreisträger **Joseph Brodsky**. In seinen Impressionen »Ufer der Verlorenen« (Fischer TB, 2011) durchdringt er das winterliche Venedig in all seinen Facetten und Schattierungen. In »Die Stadt der fallenden Engel« (Pendo, 2006) verknüpft der Amerikaner **John Berendt** die Geschichte der Serenissima mit dem Leben ihrer glamourösen und exzentrischen Bewohner.

Feste & Veranstaltungen

Schon zu Zeiten der Republik hat Venedig rauschende Feste gefeiert. Daran hat sich bis heute nicht viel geändert. Gefeiert wird noch immer gern und viel, und Feste finden das ganze Jahr über statt, vorzugsweise im Sommer. Herausragende Ereignisse sind die Kulturveranstaltungen der Biennale › S. 124, und im Winter natürlich der Karneval › S. 59.

Festkalender

1. Januar: Capodanno, Neujahr. Ein paar furchtlose *ibernisti* (Winterschwimmer) begrüßen das neue Jahr auf kuriose Weise: Sie ziehen sich aus und dann warm an, um einen Sprung ins kalte Meer am Lido zu riskieren.

6. Januar: Epifania, Dreikönigstag. Regatta und Kinderfest.

Februar/März: Der **Carnevale** beginnt zwölf Tage vor Aschermittwoch, das Hauptgeschehen konzentriert sich allerdings auf die letzten fünf Tage. Dann verwandelt sich die Stadt in ein einziges Theater – Maskentreiben in einem Mammutveranstaltungsprogramm, das jedes Jahr unter einem bestimmten Motto steht (www.carnevale.venezia.it).

März/April: Pasqua, Ostern. Kreuzweg-Jesu-Prozession am Karfreitag.

April: »Su e zo per i ponti«, »Die Brücken rauf und runter«, nennt sich ein Stadtlauf, der jedes Jahr Besucherrekorde meldet **50 Dinge** ⑥ › S. 12. Von San Marco aus durchwandern die Teil-

Die aufwendigen, typisch venezianischen Karnevalsmasken sind weltberühmt

Prächtiges historisches Boot bei der Regata Storica im September

nehmer alle Stadtteile und werden anschließend mit einer Urkunde belohnt, die bei Schulklassen von nah und fern hoch im Kurs steht. Das Fest klingt mit einem Essen aus, an dem jeder teilnehmen kann (www.suezo.it).

25. April: **Tag der Befreiung Italiens und Festa di San Marco.** Zu Ehren des Stadtpatrons wird in der Markuskirche ein Hochamt abgehalten, und auf dem Canal Grande rudern die Gondolieri bei der Regata dei Traghetti um die Wette. Auf dem Markusplatz herrscht Volksfeststimmung; Verliebte und Verlobte schenken ihren Mädchen eine Rosenknospe, den *bocolo.*

1. Mai: **Festa del Lavoro,** internationaler Tag der Arbeit.

2. oder 3. Sonntag im Mai: **Vogalonga.** Manifestation für den motorlosen Verkehr: Alle mit Muskelkraft zu bewegenden Bootsklassen werden für dieses große Volksfest auf dem Wasser aktiviert. Rund 30 km lang ist die Strecke vom Markusplatz nach Burano und zurück nach San Marco (www.vogalonga.it).

2. Juni: **Festa della Repubblica,** italienischer Nationalfeiertag.

1. Sonntag nach Christi Himmelfahrt: **Festa della Sensa.** Zugrunde liegt diesem Event ein altes Seefest der Republik, wo der Doge bei San Nicolò auf dem Lido seinen Ring ins Wasser warf, um die symbolische Vermählung Venedigs mit dem Meer zu erneuern. Heute ist der Bürgermeister für diese Zeremonie zuständig.

3. Sonntag im Juli: **Festa del Redentore.** Das populäre Ereignis geht auf ein Pestgelübde von 1576 zurück; am dritten Juliwochenende verbindet eine Pontonbrücke die Redentore-Kirche auf der Giudecca mit den gegenüberliegenden Zattere; am Samstagabend kommen die mit Girlanden und Lampions geschmückten Boote der Einheimischen zum Giudecca-Uferstreifen; man isst und trinkt auf den Booten, scherzt mit den Nachbarn und wartet auf das Abschlussfeuerwerk. Danach feiern die Unermüdlichen auf dem Lido weiter bis zum Sonnenaufgang.

15. August: Ferragosto, Mariä Himmelfahrt. Wie in ganz Italien wird an diesem Tag auch in Venedig das Urlaubsende mit einem großen Feuerwerk auf dem Lido gefeiert.

Ende August/Anfang September: **Internationale Filmfestspiele** auf dem Lido und in den Kinos der Stadt › S. 125.

September: **Regata Storica.** Das wohl spektakulärste Wasserfest des Jahres am ersten Septemberwochenende: Prächtige historische Bootstypen mit Besatzung in traditionellen Kostümen kreuzen auf dem Canal Grande vor den Prominententribünen. Im Mittelpunkt steht die Regatta der verschiedenen Bootsklassen; wer die Storica gewinnt, ist Held für ein Jahr (www.regatastorica venezia.it). Mit der **Regata di Murano**

wird eine Woche später Revanche genommen für die Regata Storica, diesmal auf Murano.

1. und 2. November: Ognissanti, Allerheiligen, und **Giorno dei Morti,** Allerseelen.

21. November: Die **Festa della Salute** geht, wie das Redentore-Fest, auf ein Pestgelübde zurück: Beim Gritti Palace Hotel wird eine Holzbrücke über den Canal Grande errichtet. Eine Prozession bringt die Schwarze Madonna der Pestkirche Santa Maria della Salute nach San Marco und wieder zurück; ein kleiner Jahrmarkt umrahmt das Fest.

8. Dezember: **Immacolata Concezione,** Mariä Empfängnis.

25. Dezember: Natale, Weihnachten.

26. Dezember: Santo Stefano, Tag des Hl. Stefan.

SEITENBLICK

Karneval in Venedig

Es sind zauberhafte Szenen, die sich im Februar auf den Brücken, in den engen, oft regennassen Gassen und vor den historischen Palazzi abspielen. Geheimnisvolle Masken der Commedia dell'Arte und farbenprächtige, kunstvolle Kostüme auf lautlos dahingleitenden Gondeln – der venezianische Karneval ist legendär! Für zehn Tage verwandelt er die Lagunenstadt in den wohl schillerndsten Maskenball der Welt (Infos: www.carnevale.venezia.it).

Bereits im Mittelalter feierten die Venezianer vor Beginn der langen Fastenzeit ihren Karneval. Für kurze Zeit verschwanden die Standesunterschiede: Hinter raffinierten und aufwendigen Masken wurden Bettler zu Königen, Marktfrauen zu Komtessen. Als die rauschenden Maskenbälle und das Spiel der Gaukler und Musiker in den Gassen gar kein Ende mehr nahmen und das respektlose Treiben schließlich den ganzen Winter über andauerte, verbot Napoleon 1797 den Mummenschanz. Doch seit den 1980er-Jahren ist der Karneval zurückgekehrt in die Lagunenstadt, und mit ihm Abertausende von Besuchern. Während mittlerweile viele Venezianer die Stadt für die Dauer des Karnevals verlassen, sind es heute in erster Linie Touristen aus der ganzen Welt, aber auch aus anderen Teilen Italiens, die hier in eindrucksvollen Kostümen posieren. Barockmusik, Maskenbälle, Theater und ein furioses Feuerwerk, das jeweils am Dienstag das bildgewaltige Spektakel beendet: Das ist »Il Carnevale di Venezia«.

In Venedig gibt es 175 Kanäle mit einer Gesamtlänge von knapp 40 km – besonders reizvoll sind die kleinen Wasserstraßen abseits des Canal Grande

TOP-TOUREN
& SEHENS-
WERTES

CANAL GRANDE

Kleine Inspiration

- **Mit der futuristischen Calatrava-Brücke** zeigt Venedig sein modernes Gesicht › S. 63
- **Die Ca' d'Oro** gilt als schönster Palazzo am Canalazzo und gibt sich bis heute ungeheuer fotogen › S. 64
- **Brunetti-Fans aufgepasst** – die Terrasse, auf der der Commissario mit seiner Familie oft zu Abend isst, liegt etwas zurückversetzt dort, wo der Kanal Rio San Polo in den Canal Grande mündet, vis-à-vis der Anlegestelle Sant'Angelo › S. 66
- **Überdimensionale Kunstobjekte** machen deutlich, welche Ausstellung gerade im Palazzo Grassi zu sehen ist › S. 67

Eine Fahrt mit dem Vaporetto über die Prachtwasser-
straße Venedigs, entlang den wie an einer Perlenkette
aufgereihten Palästen und Kirchen, ist zu jeder Tages-
und Jahreszeit ein ganz besonderes Erlebnis.

Über den Canal Grande

**Verlauf: Bahnhof Santa Lucia ›
Rialto › Ponte dell'Accademia ›
San Marco**

Karte: Seite 72
Dauer: Ca. 30 Min. dauert die Tour
mit dem Vaporetto. Mindestens einen
halben Tag sollte man einplanen,
wenn man zwischendurch aussteigt
und einen der Museumspalazzi von
innen besichtigt.
Praktische Hinweise:
• Die Vaporetti sind tagsüber sehr
voll. Wer weder stehen noch drin-
nen sitzen und in aller Ruhe fotografieren möchte, der sollte die Tour
für den frühen Morgen einplanen.
• Lösen Sie am besten ein 24-Stun-
den-Ticket › **S. 27**, wenn Sie unterwegs aus- und später wieder zu-
steigen wollen.

Tour-Start:

Bei einer Fahrt über den Canal
Grande, der in einer großen S-för-
migen Schleife von 3800 m Länge
Venedig in zwei Hälften teilt, gleitet
man an einzigartigen Architekturdenkmälern vorbei: Mehr als 200
Paläste und viele Kirchen säumen

Gondoliere auf dem Canal Grande

die berühmteste Wasserstraße der
Welt. Man streift mit Ausnahme
von Castello alle Stadtteile Venedigs. Die Venezianer legten die
Schauseiten ihrer Wohn- und Han-
delshäuser an die Wasserfront. Venedig lag sehr geschützt und konnte
sich daher einen eigenen Baustil erlauben – offen und repräsentativ.

An der Stazione
Santa Lucia **1** [B3]

Am Ausgangspunkt der Fahrt lohnt
zuerst ein Blick auf den **Ponte della
Costituzione** [B3]. Die 94 m lange,
elegant geschwungene vierte Brücke
über den Canal Grande, die den
Bahnhof mit dem Piazzale Roma
verbindet, wurde am 11. September
2008 eröffnet. Nach dem Architekten Santiago Calatrava wird sie in-
offiziell auch »Ponte di Calatrava«
genannt. 11,2 Mio. Euro hat das
skandalträchtige Bauwerk gekostet,
an dessen Architektur sich die Geis-
ter scheiden, das sich aber allen Un-
kenrufen zum Trotz als sinnvoll er-
wiesen hat, da es die ankommenden
Besucherströme in unterschiedliche
Richtungen lenkt.

Gegenüber dem Bahnhof fällt die
Säulenvorhalle der Kirche **San Simeone Piccolo** **2** [B3] auf; das Pantheon in Rom war Vorbild für diesen
Kuppelbau (1718–1738). Man sagt,
dem Vedutenmaler Canaletto habe
an dieser Stelle etwas für sein Bild

Per Vaporetto oder Gondel geht es unter der berühmten Rialtobrücke hindurch

gefehlt, und so habe er das kleine Pantheon »erfunden«. Die Venezianer sollen es dann nach seinem Bild erbaut haben.

Auf der Bahnhofsseite erhebt sich kurz vor der Brücke die Fassade der im Ersten Weltkrieg fast vollständig zerstörten Kirche **Santa Maria degli Scalzi** 3 [B3] › S. 105, in der Ludovico Manin, der letzte Doge Venedigs, begraben ist.

Riva di Biasio bis San Stae

Gegenüber der Anlegestelle Riva di Biasio erblickt man die Kirche **San Geremia** 4 [C3] › S. 105. Linker Hand der Station **San Marcuola** liegt die gleichnamige Kirche 5 [C2/3] aus dem 18. Jh., vis-à-vis ein Musterbeispiel der venezianischen Baukunst im byzantinischen Stil: der prunkvoll ausgestattete **Fondaco dei Turchi** 6 [C3] › S. 97, in dem heute das Museum für Naturgeschichte untergebracht ist. Gegenüber steht der **Palazzo Vendramin-Calergi** 7

[C3], eine wuchtige Schöpfung der Renaissance (um 1500) von Mauro Codussi. In diesem Palast starb am 13. Februar 1883 Richard Wagner, ein kleines Museum erinnert an ihn. Heute ist in dem eleganten Palazzo das Spielkasino untergebracht.

Die nächste Anlegestelle heißt San Stae › S. 97; auf diesem Ufer folgt die **Ca' Pesaro** [D3] › S. 97, eine Schöpfung Baldassare Longhenas (1598–1682) und nach dem Dogenpalast der größte Palast Venedigs. 1628 begonnen, wurde die Ca' Pesaro erst Anfang des 18. Jhs. vollendet; sie beherbergt heute die Galerie für moderne Kunst.

Ca' d'Oro bis Rialto

Die nächste Anlegestelle ist nach einem Juwel der gotischen Baukunst in Venedig, der **Ca' d'Oro** 8 [D3] › S. 111 benannt. Der Palast, dessen Fassade einst vergoldet war, entstand zwischen 1422 und 1440 und beherbergt heute ein sehenswertes Kunstmuseum.

Kurz vor der Rialtobrücke wird Venedigs schönster Markt abgehalten (Anlegestelle Rialto Mercato, › S. 94). In der Mitte der 25 Bogen zur Kanalfront wird der Blick aufs andere Ufer reich belohnt: Die **Ca' da Mosto** **9** **[D3]** (13. Jh.) zeigt sich im veneto-byzantinischen Stil. Bis zum Ende der Republik 1797 stiegen hier, im damaligen Gasthof Leon Bianco, sogar gekrönte Häupter wie Kaiser Joseph II. ab.

Der Canal Grande setzt jetzt zu der scharfen Rechtskurve an, die zur Rialtobrücke führt; rechts vor der Brücke sieht man den **Palazzo dei Camerlenghi** [D3] › **S. 90**, nach dem schweren Brand von 1513 errichtet, der das Rialto-Viertel in weiten Teilen zerstörte. Direkt vis-à-vis erhebt sich die Wasserfront des 1508 fertiggestellten **Fondaco dei Tedeschi** [D3] › **S. 90**. Der ehemalige Handelshof der deutschen Kaufleute war lange Hauptpost, 2008 kaufte die Benetton Group das Gebäude. Ende 2016 wurde es als Luxuskaufhaus des Konzerns LVMH mit Café-Restaurant im Atrium neu eröffnet.

Mit der **Rialtobrücke** › **S. 90** folgt die weltberühmte Kanalbrücke, die bis vor etwa 150 Jahren den einzigen Übergang über den Canal Grande darstellte. Hier entfaltete sich das Geschäftszentrum der blühenden Republik. Bedeutung für den heutigen Handel hat als Sitz der Banca d'Italia der **Palazzo Dolfin-Manin** **10** **[D4]** (16. Jh.). Die klassischen Renaissancelinien, die Sansovino entwarf, werden von den blauen Markisen vorteilhaft unterstützt. Der Kontrast folgt gleich nebenan mit dem **Palazzo Bembo** **[D4]** (15. Jh.): Gotik auf roter Fassade. Im Palast werden Wechselausstellungen zeitgenössischer Kunst präsentiert.

Rialto bis San Silvestro

Auf demselben Ufer folgt mit der **Ca' Farsetti** **11** **[D4]** › **S. 90** erneut einer der prunkvollen, byzantinisch geprägten Bauten. Die Bogen erscheinen nicht nur dort, wo sie statisch notwendig sind, sondern haben sich zum Dekorationsprinzip verwandelt, das die ganze Fassadenfläche zu gliedern hat. So entsteht eine harmonisch durchdachte Reihung wie im Wassergeschoss der Ca' Farsetti, in der heute Venedigs Rathaus *(municipio)* seinen Sitz hat.

Der Canal Grande mit den Kuppeln von Santa Maria della Salute

Ballsaal in der Ca' Rezzonico

Gegenüber, neben dem Anleger San Silvestro, steht mit dem Ziegelbau des **Palazzo Barzizza** 12 **[D4]** ein weiterer Prototyp eines veneto-byzantinischen Hauses (12./13. Jh.); die kunstvoll gestaltete Fensterpartie im Balkongeschoss stammt noch aus der Entstehungszeit.

Auf der anderen Seite ragt die kolossale Fassade des **Palazzo Grimani** 13 **[D4]** empor, den der Veroneser Michele Sanmicheli Mitte des 16. Jhs. schuf und der heute den Appellationsgerichtshof beherbergt. Daneben steht, getrennt vom Rio di San Luca, die elegante spätgotische Loggia des **Palazzo Corner Contarini dei Cavalli** 14 **[D4]** (15. Jh.).

Sant'Angelo und San Tomà

Ein besonderes Schmuckstück der blühenden Spätgotik ist der um das Jahr 1568/69 fertiggestellte **Palazzo Barbarigo della Terrazza** 15 **[C4]**, der an seiner Terrasse zu erkennen ist. Neben der Anlegestelle Sant'Angelo

errichtete Mauro Codussi Ende des 15. Jhs. den **Palazzo Corner-Spinelli** 16 **[C4]**: unübertreffliche Eleganz der Frührenaissance.

Von der Anlegestelle San Tomà aus blickt man am anderen Kanalufer auf die Front der vier **Palazzi Mocenigo** 17 **[C4]**. Beim ersten, einem Renaissancebau, setzen blaue Markisen Farbtupfen, die die helle Fassade betonen. Im zweiten, etwas breiteren und nicht so spektakulären, wohnte Lord Byron mit seiner Geliebten. Man erkennt das Haus an den Löwenköpfen, die sich über die gesamte Breite ziehen.

San Tomà und Ca' Rezzonico

An der Kanalbiegung mündet rechts der Rio di Ca' Foscari ein; nach der Mündung folgt der Komplex der **Ca' Foscari** 18 **[C4]** › S. 102, heute Hauptsitz der Universität. Der Palast gehört zu den letzten der Spätgotik. Der Doge Foscari (1423 bis 1457) ersteigerte 1452 den Vorgängerbau, ließ ihn abreißen und in der jetzigen Gestalt neu aufbauen. Er selbst erlebte jedoch die Vollendung des prächtigen Palazzo nicht mehr; nach fast 35-jähriger Regierungszeit wurde er abgesetzt und starb aus Gram über die Wahl seines Nachfolgers.

Die **Ca' Rezzonico** 19 **[C4]** › S. 102 kurz vor der gleichnamigen Anlegestelle ist ein Werk von Baldassare Longhena aus der Mitte des 17. Jhs. in monumentalem Klassizismus. Die Inneneinrichtung des 18. Jhs. blieb erhalten (Museo del Settecento Veneziano).

Direkt gegenüber liegt der monumentale **Palazzo Grassi** 20 [C4] › S. 86. Er gilt als Musterbeispiel der klassizistischen Architektur des 18. Jhs. und wurde vom Stararchitekten Tadao Ando mit Fingerspitzengefühl umgebaut.

Rechts daneben reckt sich mit dem Campanile der ehemaligen Kirche **San Samuele** [C4] einer der ältesten Glockentürme von Venedig (12. Jh.) in den Himmel. Hier soll Giacomo Casanova kurzzeitig als Priester tätig gewesen und volltrunken von der Kanzel gefallen sein.

Wieder auf dem rechten Ufer, folgt mit dem **Palazzo Loredan dell' Ambasciatore** 21 [C5] eine spätgotische Konstruktion (15. Jh.), in deren Nischen bereits Skulpturen im lombardischen Stil der Frührenaissance (Ende 15. Jh.) stehen. In diesem Bau residierten während des 18. Jhs. die kaiserlichen Botschafter; von da leitet sich auch der Beiname »dell'Ambasciatore« ab.

Ponte dell'Accademia bis Anleger San Marco

Wer zum Ponte dell'Accademia blickt, sieht rechter Hand die schlanke, aufstrebende Fassade der ehemaligen Kirche **Santa Maria della Carità**. Im rechten Winkel dazu erstreckt sich die Fassade der berühmten **Gallerie dell'Accademia** 22 [C5] › S. 129, der bedeutendsten venezianischen Gemäldesammlung.

Gleich nach der Brücke erhebt sich auf dem linken Kanalufer der **Palazzo Cavalli-Franchetti** 23 [C5] mit aufwendig gestalteter Fensterzone (15. Jh.).

Am anderen Kanalufer sieht man als zweites Gebäude nach der Brücke den **Palazzo Contarini dal Zaffo** 24 [C5], ein Musterbeispiel für die lombardische Architektur des späten 15. Jhs. Die verspielte Formensprache Mauro Codussis klingt bei diesem Bau an.

Auf derselben Seite folgt nach der Einmündung des Rio San Vio ein

SEITENBLICK

Lebenslänglich unter Aufsicht: der Doge

Der erste Doge von Venedig, Paolo Lucio (auch Paoluccio) Anafesto, wurde im Jahr 697 von der Volksversammlung gewählt und war ein rein militärischer Führer. Mit dem Aufstreben des Gemeinwesens wurde die Funktion politisch, mit der Ablösung der Volksversammlung durch den Großen Rat der Patrizier wachte dieser sehr kritisch über den auf Lebenszeit gewählten Dogen, dessen Amt nie erblich wurde. Der Doge durfte keinen Handel treiben, musste reich sein, um die Repräsentationsverpflichtungen aus eigener Tasche bezahlen zu können, und er durfte keine Geschenke annehmen. Sein Leben regelte ein strenges Zeremoniell, das ihn mit kirchlichen und weltlichen Terminen eindeckte. Für jeden Anlass waren bestimmte Kleidungsstücke vorgeschrieben – beispielsweise das hornförmige Barett für den Osterbesuch bei den Nonnen von San Zaccaria. Das Staatsoberhaupt der Serenissima stand ständig unter Aufsicht und hatte nie Ausgang – aber mit dem Dogenpalast auch wahrlich kein schlechtes Domizil.

Perle der Frührenaissance: die Ca' Dario

Unglücksfall für den Canal Grande und die ganze Stadt: Die imitierten Mosaiken an der Fassade des **Palazzo Barbarigo 25 [C5]** aus dem Jahr 1887 stören das ansonsten harmonische Gesamtbild.

Gegenüber erblickt man den **Palazzo Corner Ca' Grande 26 [D5]**, das »große Haus«. Sansovino hat es (nach 1532, als der Vorgängerbau abbrannte) entworfen. Das Untergeschoss auf dem Wasser ist stilistisch von den oberen abgesetzt, die durch klassische Säulenordnungen hervorgehoben werden. Der ehemalige Besitz der Familie Corner dient heute der Verwaltung der Provinz und als Präfektur.

Am rechten Ufer direkt vis-à-vis sieht man einen Flachbau mit einem Garten dahinter: den unvollendeten **Palazzo Venier dei Leoni 27 [D5]**. Der ehemalige Wohnsitz von Peggy Guggenheim ist heute Ausstellungsgebäude › **S. 130** und beherbergt die

hochkarätige Kunstsammlung, die sie bis 1979 zusammentrug.

Auf demselben Ufer kommt mit der **Ca' Dario 28 [D5]** wieder eine Perle der Frührenaissance ins Blickfeld. Die farbigen Marmorintarsien verraten den lombardischen Stil des späten 15. Jhs. – möglicherweise war Pietro Lombardo selbst der Baumeister. Auf dem Palast soll ein Fluch liegen – alle seine bisherigen Inhaber und Bewohner waren vom Unglück verfolgt.

Wieder auf dem anderen Kanalufer, erkennt man leicht den **Palazzo Pisani-Gritti 29 [D5]**. Hinter ihm mündet ein Seitenkanal in den Canal Grande, das dritte Haus danach ist der zierliche **Palazzo Contarini-Fasan 30 [D5]**. Seine Balkonbrüstungen sind mit radartigen Dekorationselementen verziert, mit denen sich der Übergang von der Spätgotik zur Renaissance ankündigt. Hier wohnte angeblich Desdemona, die mit Shakespeares Tragödie »Othello« in die Weltliteratur einging.

Die Bauten auf der anderen Seite laufen in den alten Zollgebäuden und der **Punta della Dogana** › **S. 132** aus, wo 2009 das Museum für zeitgenössische Kunst eröffnet wurde.

Auf der Gegenseite sticht die **Ca' Giustinian 31 [D5]** im Stil der Spätgotik heraus (15. Jh.). Die Fahrt endet an der Anlegestelle San Marco Vallaresso, wo man in der legendären Harry's Bar › **S. 83** die Eindrücke der Fahrt bei einem Bellini Revue passieren lassen kann.

Der Markusplatz mit dem Campanile ist das Herzstück der Serenissima

SAN MARCO

Kleine Inspiration

- **In Venedigs berühmtesten Kaffeehaus,** dem Florian, haben schon Goethe, Rainer Maria Rilke und Thomas Mann ihren Kaffee getrunken › S. 74
- **Vom Campanile neben dem Markusdom** überblickt man zwar die ganze Stadt, sieht aber kurioserweise keinen einzigen Kanal › S. 75
- **Die lebensgroßen Pferdeskulpturen** der antiken Quadriga im Museo Marciano beeindrucken ebenso wie der Panoramablick von der Galerie auf das San-Marco-Becken › S. 78
- **Das Gran Teatro La Fenice** war Schauplatz zahlreicher Uraufführungen wie der von »La Traviata« 1853 und garantiert noch heute unvergessliche Opernabende › S. 84

Das Markusviertel mit dem Markusdom, dem Campanile und dem Dogenpalast im Zentrum ist das Herz Venedigs. Exklusive Geschäfte und eindrucksvolle Museen machen dieses Sestiere zum touristischen Hotspot.

San Marco, einst das politische Zentrum der Serenissima, bildet bis heute den Hauptanziehungspunkt für Touristenscharen aus aller Herren Länder. Die Piazza San Marco mit der überwältigend schönen Basilica di San Marco und dem imposanten Dogenpalast sowie die zahlreichen stattlichen Palazzi, die der Adel an der unteren Kanalschleife errichten ließ, zählen zu den großartigsten Attraktionen der Lagunenstadt.

Neben bedeutenden Museen wie dem Museo Correr, dem Museo Fortuny und dem Palazzo Grassi sind hier zugleich wichtige Bühnen angesiedelt: das berühmte Gran Teatro La Fenice, das nach dem verheerenden Brand 1996 wie ein Phönix aus der Asche auferstanden ist, sowie das Teatro Goldoni.

Vor allem aber ist San Marco das geschäftigste aller Stadtsechstel mit einem geradezu schwindelerregenden Warenangebot. In den Gassen zwischen San Marco und Rialto schieben und drängeln sich Abertausende von Menschen durch die engen Einkaufsgassen. Designergeschäfte und Boutiquen haben in den Mercerie ebenso ihren Sitz wie die vielen Kunsthandwerkgeschäfte, die Muranoglas, Masken, Lederwaren und Spitzen anbieten, und natürlich die Souvenirläden mit allerlei Nippes. Doch auch in San Marco gibt es beschauliche Plätze und ruhige Gassen, wenn man sich von den Haupteinkaufsstraßen ein wenig entfernt. Am besten lässt man sich treiben, verlaufen kann man sich nicht: Schilder weisen immer wieder Richtung Markusplatz.

Schaltzentrale der einstigen Weltmacht: der Dogenpalast

Touren in San Marco

 ## Rund um die Piazza San Marco

**Verlauf: Museo Civico Correr ›
Basilica di San Marco › Palazzo
Ducale › Torre dell'Orologio**

Karte: Seite 72
Dauer: 1 Tag
Praktische Hinweise:

- Ausgangs- und Endpunkt: Vaporetto-Station San Marco/Vallaresso.
- Wer stundenlange Wartezeiten für die Besichtigung der Basilika vermeiden möchte, sollte sich spätestens um 8.30 Uhr einfinden.
- Rucksäcke und Taschen müssen vor der Besichtigung abgegeben werden (Ateneo San Basso, der Weg ist ausgeschildert).
- Auf korrekte Kleidung achten: Schultern und Knie müssen bedeckt sein.
- Das Fotografieren ist in der Basilika verboten!
- Wer die Museen am Markusplatz besuchen möchte, sollte seinem **Venezia Unica City Pass** den Baustein **Museen an der Piazza San Marco** hinzufügen › S. 153.

Tour-Start:

Das Ensemble von Markusplatz, Markusbasilika und Dogenpalast ist das Herz Venedigs. Berühmt sind die traditionsreichen Cafés Florian, Quadri und Lavena › **S. 74.** Hier nippt man zu Orchestermusik an sündhaft teurem Kaffee und genießt das einzigartige Panorama samt flatternder Tauben. Für die Livemusik in den Cafés zahlt man übrigens extra.

Piazza San Marco

Der Markusplatz ist der schönste Platz der Stadt **50 Dinge** ㉑ › **S. 14** – und der einzige Venedigs, der sich Piazza nennen darf, alle anderen heißen Campo. Auf der L-förmig angelegten Piazza wurden zur Zeit der Serenissima rauschende Feste gefeiert, hier befanden sich rund 24 Kaffeehäuser, und hier bauten die Händler ihre Marktstände auf. Die Gebäudeflügel, die den Markusplatz rahmen, sind die Procuratie. Im linken Flügel, den **Procuratie Vecchie** 32 [D/E4], waren vom 16. Jh. an die höchsten Verwaltungsbeamten der Republik untergebracht; den rechten Flügel, die **Procuratie Nuove** 33 [D/E4], begann Scamozzi im 16. Jh. nach dem Vorbild der Biblioteca Marciana. Erst Verwaltungssitz, dienten sie nach dem Ende der Republik als Kaiserresidenz.

Den schönsten Eindruck vom Markusplatz gewinnt man unter der **Ala Napoleonica** 34 [D4], dem von Napoleon verfügten Abschluss der Piazza, die er den »schönsten Salon Europas« nannte – was ihn jedoch nicht daran hinderte, eingreifende bauliche Veränderungen vorzunehmen. In diesem Flügel befindet sich auch der Eingang zum Museo Civico Correr.

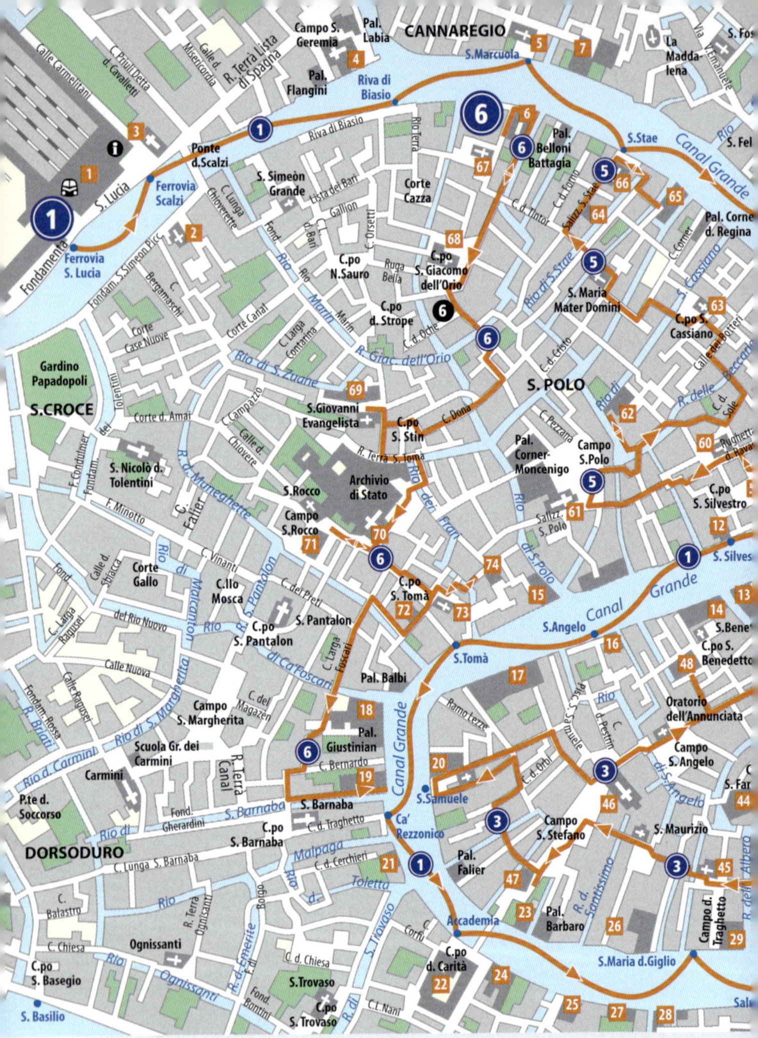

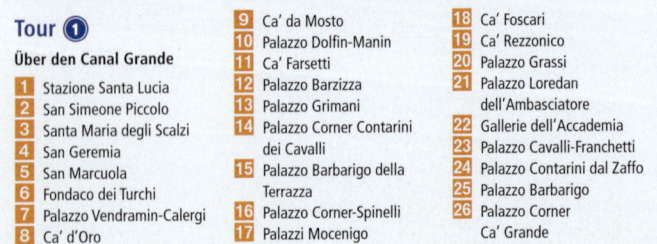

Touren Canal Grande, San Marco, San Polo & Santa Croce

Tour 1

Über den Canal Grande

1 Stazione Santa Lucia
2 San Simeone Piccolo
3 Santa Maria degli Scalzi
4 San Geremia
5 San Marcuola
6 Fondaco dei Turchi
7 Palazzo Vendramin-Calergi
8 Ca' d'Oro
9 Ca' da Mosto
10 Palazzo Dolfin-Manin
11 Ca' Farsetti
12 Palazzo Barzizza
13 Palazzo Grimani
14 Palazzo Corner Contarini dei Cavalli
15 Palazzo Barbarigo della Terrazza
16 Palazzo Corner-Spinelli
17 Palazzi Mocenigo
18 Ca' Foscari
19 Ca' Rezzonico
20 Palazzo Grassi
21 Palazzo Loredan dell'Ambasciatore
22 Gallerie dell'Accademia
23 Palazzo Cavalli-Franchetti
24 Palazzo Contarini dal Zaffo
25 Palazzo Barbarigo
26 Palazzo Corner Ca' Grande

Museo Civico Correr 35 [D4]

Das Museum besitzt zwei Sammlungen: das **Museum zur Kulturgeschichte Venedigs** mit zahlreichen Dokumenten, Münzen, Waffen und Gemälden sowie eine **Gemäldegalerie** mit Werken aus der Kunstsammlung von Teodoro Correr; sie umfasst Kunstschätze des 14. bis 19. Jhs., darunter das berühmte Gemälde »Zwei Venezianerinnen« von Carpaccio (San Marco 52, April–Okt. tgl. 10–19, Nov.–März 10–17 Uhr, www.correr.visitmuve.it).

Biblioteca Marciana 36 [E4]

Die Markusbibliothek mit ihrem Bestand von über 750 000 Bänden, darunter 13 000 Handschriften, sowie das **Museo Archeologico** erreicht man über das Museo Correr.

Der Florentiner Baumeister Jacopo Sansovino wollte den Neubau von 1537 *alla romana* gestalten. Als 1545 die Decke einstürzte, wurden die Arbeiten jedoch ausgesetzt, der Künstler vorübergehend in den Kerker geworfen. Die mit dorischen und ionischen Elementen architektonisch an der Klassik orientierte Bibliothek zeigt bedeutende Schriftstücke, darunter eine mit Kommentaren versehene Ausgabe der »Ilias«.

Das reich dekorierte Treppenhaus der Bibliothek eifert dem des Dogenpalasts nach. Im Vestibül schaut von der perspektivischen Decke Tizians »Sapienza« (Weisheit) herab; die *Sala dorata* überwölbt eine Golddecke mit 21 Medaillons – sieben Künstler malten unter Tizians Aufsicht, Paolo Veronese (6. Reihe) ging als Sieger aus dem Wettstreit hervor (San Marco 7, Mo–Fr 8–19, Sa 8–13.30 Uhr, http://marciana.venezia.sbn.it).

Loggetta 37 [E4]

Wie ein Podest für den Campanile wirkt die Loggetta, ein Werk Sansovinos aus dem 16. Jh. Während der Sitzungen des Großen Rats diente die Bogenhalle als Unterstand der Palastwache.

Berühmte Kaffeehäuser

Auf dem Markusplatz wurde 1683 das erste europäische Kaffeehaus eröffnet. Nachdem Kaffee lange Zeit als bitter schmeckende Medizin galt, entdeckte man im 17. Jh. seine besonderen Vorzüge als anregendes Genussmittel. Dank der guten Verbindungen zum Osmanischen Reich blühte fortan der Handel mit Kaffeebohnen; Kaffeehäuser schossen in Venedig wie Pilze aus dem Boden. Drei davon existieren bis heute am Markusplatz: **Florian, Quadri** und **Lavena**. Viele prominente Schriftsteller, Künstler und Musiker tranken hier schon ihren Kaffee bei Salonmusik, darunter auch Richard Wagner, der übrigens das Lavena bevorzugte. Am berühmtesten aber ist zweifellos das 1720 eröffnete Caffé Florian mit seinen roten Plüschsitzen und den schweren Spiegeln. Zu den illustren Gästen zählten u. a. Casanova, Goethe und Rousseau. Wer heute hier einkehrt, sollte sich allerdings auf gesalzene Preise einstellen – für die Salonmusik zahlt man extra.

Campanile 38 ⭐ [E4]

Absolut lohnend ist die Fahrt auf den Campanile. Ein Fahrstuhl erklimmt das Klangarkadengeschoss des 98 m hohen Backsteingiganten, der im 12. Jh. errichtet wurde, 1902 aber ganz unerwartet einstürzte und nach originalen Plänen wiederaufgebaut wurde (Piazza San Marco, Ostern–Mitte Juni tgl. 9–19, Mitte Juni–Aug. 8.30–21.30, Sept. 8.30 bis 19.45 Uhr, sonst kürzer, 12 €).

Basilica di San Marco 39 ⭐ [E4]

Das bedeutendste sakrale Bauwerk Venedigs ist ein ⓘ Gesamtkunstwerk von vollendeter Schönheit. Die Markusbasilika besitzt das größte zusammenhängende Mosaik der Welt und versinnbildlicht bis heute die Größe und Macht der venezianischen Republik. Im Jahr 828 war es venezianischen Kaufleuten gelungen, die Gebeine des hl. Markus aus Alexandria zu stehlen und, bedeckt mit Schweinefleisch, an den muslimischen Zöllnern vorbeizuschmuggeln. Der Legende nach kam der Evangelist Markus als Schiffbrüchiger auf einer Laguneninsel wieder zu sich, nachdem ihm im Traum ein Engel mit den Worten »Pax tibi, Marce, evangelista meus« (Friede mit dir, Markus, mein Evangelist) erschienen war. Für ihren Schutzpatron baute die Stadt ihre erste große Kirche (Mo–Sa 9.30–17, So und Fei Ostern–Okt. 14–17, Nov–Ostern 14–16 Uhr, Eintritt frei. Pala d'Oro und Tesoro Mo–Sa 9.45–17 bzw. 16, So und Fei 14–17 bzw. 16 Uhr, 2 bzw. 3 €, www.basilicasanmarco.it).

Blick vom Campanile über den Markusplatz

Baugeschichte

Die erste Markusbasilika wurde 832 geweiht; der Bau in der heutigen Gestalt ist San Marco III, begonnen 1063, geweiht 1094. Vorbild war die später zerstörte Apostelkirche in Konstantinopel: Der Grundriss ist ein griechisches Kreuz mit vier gleich langen Armen, an der Schauseite eine zweistöckige Vorhalle, in jeweils fünf Arkaden gegliedert. Im 13. Jh. erfolgte eine Anpassung an den Zeitstil der Romanik.

Die in Byzanz erbeuteten vier vergoldeten Bronzepferde krönen die Loggia (Original im Museo Marciano › **S. 78**). Im Zuge der Umbauarbeiten im gotischen Stil zu Beginn des 15. Jhs. erhielt die Fassade Spitzbogen, Figurenschmuck und schmalgliedrige Türmchen.

Die Verkleidung der ursprünglichen Ziegelsteinfassade mit feinstem Marmor und der Bauschmuck mit erlesensten Kunstwerken, von überall zusammengetragen, waren zur Vollendung gekommen. In den vergangenen fünf Jahrhunderten erfuhr die Basilika keine wesentlichen Veränderungen mehr.

Außenbau

Fünf Portale führen in die Vorhalle; der Haupteingang in der Mitte ist besonders betont. Die **Bronzetüren** mit Löwenköpfen kamen im 11. Jh. aus Konstantinopel. Romanische Skulpturen schmücken die Bogen; auch die Seitenportale sind reich verziert. Von den Mosaiken stammt nur das äußerste linke aus der Entstehungszeit (1260/70) und zeigt die damalige Gestalt der Fassade.

Die Nordfassade an der linken Kirchenflanke enthält Fragmente aus den Vorgängerbauten; die im 13. Jh. angebaute **Porta dei Fiori** (Blumenportal) ist ein Meisterstück der Romanik. An der Ecke zur Südfassade diente die **Pietra del Bando,** ein Porphyrsäulenstumpf, zur Verkündung von Gesetzen und Anordnungen. Einst war übrigens die Südfassade die bedeutendste, durch die Besucher von der Seeseite her Einlass bekamen – zu Beginn des 16. Jhs. wurde dieser Haupteingang zugemauert. Die Füllung der Bogenfelder im Galeriegeschoss weist reichhaltige orientalische Intarsien auf (13. Jh.). Die massive Wand zum Dogenpalast hin verkleiden farbige Marmorplatten; die Porphyrskulptur der **Tetrarchen** an der Ecke stellen die vier Imperatoren des Römischen Reiches zur Zeit Diokletians (Ende 3. Jh.) dar. Vermutlich handelt es sich bei der spätantiken Plastik um ein Beutestück aus dem Kaiserpalast in Konstantinopel.

Innenraum

Durch das Mittelportal betritt man die Vorhalle (Narthex). Die eingelegten Fußböden sind noch original; die Kuppelmosaiken zeigen Szenen des Alten Testaments.

Der Innenraum besticht durch einen ungewöhnlichen Raumeindruck: Das Wechselspiel von Kuppeln und Bogen suggeriert lebhafte Rhythmik, während die vier gleich langen Kreuzarme diese Architekturwellen wieder einzufangen schei-

Prächtige Mosaiken auf Goldgrund zieren die Kuppeln der Markusbasilika

Balkon der Basilica di San Marco

nen; diese Harmonie von Dynamik und Statik unterstreicht der Mosaiküberzug auf Goldgrund – unendlich scheinende 8000 m². Das Bildprogramm der **Mosaiken** entspricht dem byzantinischen Kanon: Die Darstellung des Heilsgeschehens bleibt den Kuppeln vorbehalten; nach unten folgen Engel und Apostel, die Geschichte des hl. Markus und ausgewählte Heilige.

Im Hauptaltarbereich konzentrieren sich die zahllosen Kunstschätze der Basilika. Der **Lettner** trennte den Altarbereich vom Kirchenraum. Um das dominierende Kreuz gruppieren sich die Jungfrau Maria, der Evangelist Johannes und die zwölf Apostel. Eine erlesene Arbeit bildet auch das von vier fein skulpierten Säulen getragene **Altarziborium**; im Altarraum repräsentiert die **Pala d'Oro** (Eintritt 2 €) einen unermesslichen künstlerischen und materiellen Wert: Im 11. Jh. in Konstantinopel bestellt, wurde die Bildtafel aus Gold (3,48 × 1,40 m) über fünf Jahrhunderte mit Perlen, Edelsteinen und kostbaren Emailarbeiten verziert **50 Dinge** ㉒ › S. 14.

Die **Schatzkammer** (*Tesoro*, Eintritt 3 €) verfügt über zahlreiche Preziosen, die als Beute oder Staatsgeschenk in den Besitz der Republik gerieten. Kristallgefäße nehmen einen besonderen Rang ein – Kristall galt als Symbol für Unbefleckheit. In den Seitenkapellen des Hauptraums blieb kein Plätzchen ungenutzt für künstlerische Ausschmückung – jedes Schiff, das nach Venedig heimkehrte, musste etwas für die Markuskirche mitbringen.

! Erstklassig

Gratis entdecken

• **Basilica di San Marco** › S. 75: Die berühmte Markusbasilika kostet keinen Eintritt, wohl aber Geduld. Tagsüber bilden sich hier lange Schlangen.

• **Kirchen:** Rund 30 Kirchen Venedigs kann man gratis besichtigen, u. a. San Moisè › S. 84, Santo Stefano › S. 86, I Gesuiti › S. 112, San Zaccaria › S. 115, San Francesco della Vigna › S. 121 und San Giorgio Maggiore › S. 138.

• **Squero** › S. 133: Gruppen können nach Anmeldung die letzte Gondelwerft Venedigs von innen besichtigen. Doch auch von den Fondamenta Nani aus lässt sich ein Blick auf die kleine Werft erhaschen, wo im Sommer auch draußen gewerkelt wird.

• **Konzerte:** Plakate oder die Touristeninformation › S. 152 informieren über kostenlose Konzerte, die abends in verschiedenen Kirchen stattfinden.

Das **Museo Marciano** (Eintritt 5 €) mit den Originalen der berühmten vier Bronzepferde (Quadriga) ist auf der Galerie untergebracht, der Aufgang befindet sich am Mittelportal. Von dort gewinnt man den besten Eindruck vom Kirchenraum und dem wunderbaren Mosaikfußboden. Außerdem gelangt man von hier auf die Terrasse mit fantastischem Blick auf den Markusplatz.

Palazzo Ducale 40 ⭐ [E4]

Der eindrucksvolle Dogenpalast neben der Basilica di San Marco war der Regierungssitz des Dogen und Schaltzentrum der venezianischen Macht. Hier wurde Weltgeschichte geschrieben und ein Jahrtausend lang über Schicksale entschieden, hier befanden sich zugleich die Privatgemächer des Dogen, der Sitz der Geheimpolizei und die berüchtigten Gefängnisse (San Marco 1, April–Okt. tgl. 8.30–19, Nov.–März 8.30–17.30 Uhr, letzter Einlass jeweils 1 Std. früher, Venezia Unica City Pass für die städtischen Museen (24 €) oder die Museen am Markusplatz (19 €); Audioguide (5 €), Führung Itinerari Segreti (20 €), www.palazzoducale.visitmuve.it).

Baugeschichte und Äußeres

Die erste Bauetappe der heutigen Anlage begann 1340; von den vier Vorgängerbauten aus Holz ist so gut wie nichts erhalten. Der Flügel zum Hafenbecken hin war 1365 abgeschlossen. Der Innenausbau jedoch dauerte – erst 1419 tagte zum ersten Mal der Große Rat. Fünf Jahre später beschloss man den Bau des zweiten Flügels zur Kirche hin; er wurde 1438 fertiggestellt. Offene Arkaden, darüber eine prachtvolle Loggia – das ist die Idee des venezianischen Wohnhauses.

Die gewaltige Baumasse des Palazzo Ducale, unter der die Arkaden zierlich und geradezu zerbrechlich wirken, ist die venezianische Antwort auf das Thema Palastbau. Das Dekorationsmuster – gereihte Spitzbogen, an kleeblattartige Vierpässe im Kreis gehängt – wurde zum immer wieder variierten Modell in der Stadt. Den hohen Maueraufsatz für den Raumbedarf der Regierungsaufgaben gliedern breite spitzbogige Fenster; das feine zweifarbige Rautenmuster aus Marmor lockert die großen Flächen auf. Die kostbare Mittelloge bildet den Blickfang – die gewaltige Baumasse wirkt nicht kolossal, die durchbrochenen Arkadengeschosse, die sie tragen, lassen sie vielmehr schwerelos erscheinen.

Die Baumeister des ersten Flügels sind nicht bekannt; nach ihrem Muster errichteten Vater und Sohn Giovanni und Bartolomeo Bon den zweiten. Sie krönten ihre Arbeit mit einem Meisterwerk der Spätgotik, der **Porta della Carta,** vollendet 1442, die zugleich das Verbindungsstück zur Basilica di San Marco darstellt: Das von gotischen Dekorationselementen gerahmte Relief zeigt den Dogen Francesco Foscari, der vor dem Markuslöwen kniet › **Abb. S. 79.** Damit war die letzte Lücke der Gesamtanlage geschlossen und die neue Schauseite des Dogenpalasts konnte sich nach einem Jahrhundert Bauzeit sehen lassen.

Die plastischen Kapitelle der 36 Arkadenbogen verdienen besondere Aufmerksamkeit – bevorzugt bedacht wurden die Palastecken. Die drei Erzengel krönen sie: Raphael verkörpert den Handel, Gabriel den Frieden und Michael den Krieg, die Eckpfeiler venezianischer Politik. Darunter an der Ecke die Planeten und die Erschaffung des Menschen; an der Brücke der betrunkene Noah und seine Söhne als Warnung vor Unmäßigkeit; zur Kirche hin das Urteil Salomos als Fanal der Weisheit. Ihr Lieblingsattribut, die Gerechtigkeit, ließen die Venezianer vom Bildhauer Alessandro Vittoria 1577–1579 an der Mittelloge platzieren. Der üppige zinnenartige Zierrat am oberen Abschluss wiederholt sich ebenso auf den Prokuratien als Zitat und umsäumt somit den gesamten Markusplatz.

Innenräume

Als Fortsetzung der Porta della Carta, wo das Volk sich mit Petitionen an die Regierung und den Dogen wenden konnte, wurde der **Arco Foscari,** ein Bogengang mit Kreuzgewölben, zum Hof hin gezogen und unter dem Dogen Christoforo Moro im 15. Jh. vollendet. Mit den Skulpturen von Adam und Eva empfahl sich der Künstler Antonio Rizzo. Die Originale aus Marmor wurden in der Dogenwohnung untergebracht, im Hof stehen die Bronzeabgüsse.

Die dritte Bauetappe leitete ein Brand ein, der 1483 den Ostflügel am Kanal verwüstete. Antonio Rizzo wurde mit dem Neubau beauf-

Ein spätgotisches Juwel: die Porta della Carta

tragt, ihm folgten Ende des 15. Jhs. Pietro Lombardo und dann Scarpagnino, die beide Rizzos Pläne ausführten. Inzwischen hatte die Renaissance Einzug gehalten; die Spitzbogenloggia im ersten Stock zeigt noch die alte Formensprache, in der Geschossgliederung gibt der Rundbogen den Ton an.

Berühmte Künstler

Um 1525 begann die Ausgestaltung des Inneren, die sich die größten Maler der Epoche teilten: So wie ein Jahrhundert lang Steinmetze aus der Toskana, der Lombardei und aus Venetien für die Bauplastik der gotischen Flügel gearbeitet hatten, malten Bellini, Vivarini, Carpaccio, Tizian, Tintoretto und Veronese für die Innenräume des Palazzo Ducale. Die kostbare Innenausstattung fiel im 16. Jh. zwei Bränden zum Opfer. Veronese und Tintoretto samt ihren Werkstätten waren noch aktiv und wurden mit neuen Aufträgen betraut. Gegen Ende des 17. Jhs. hatte der Dogenpalast seine heutige Gestalt wieder. Am Ende der Republik 1797 und in den Folgejahrzehnten waren schwere Zeiten für das künstlerische Vermächtnis der Serenissima zu überstehen: Nach der Eingliederung Venedigs ins Königreich Italien (1866) übernahm der neue Staat die Restaurierung des Dogenpalasts. 1923 wurde er an die Stadt Venedig zurückgegeben.

Die mit vergoldetem Stuck verzierte Scala d'Oro führt zur Dogenwohnung hinauf

Hinweis: Da der Rundgang durch den Dogenpalast sich immer wieder ändert, ist eine genaue Beschreibung hier nicht möglich. Für die Besichtigung der zahlreichen Innenräume ist ein Audioguide empfehlenswert, der ausführliche Infos gibt. Der Rundgang beginnt im Innenhof.

Scala dei Giganti
Auf der obersten Stufe von Antonio Rizzos Gigantentreppe (nicht zugänglich) wurden die Dogen gekrönt; Sansovinos Kolossalskulpturen Mars und Neptun gaben ihr den Namen – sie stehen für Venedigs Herrschaft auf dem Meer und auf dem Festland.

Cortile dei Senatori
Das Hofstück links der Scala dei Giganti heißt Cortile dei Senatori; die Baumeister Spavento und Scarpagnino machten den Hof der Senatoren 1507 zu einem Paradebeispiel der Renaissancekunst. Wie im venezianischen Haus diente auch im Dogenpalast das Erdgeschoss minderen Zwecken; das Mittelgeschoss barg Versammlungsräume und die Dogenwohnung, das obere Repräsentationsräume und Sitzungszimmer.

Spitzbogenloggia
Über eine Treppe im Südosten des Hofs gelangt man in die Spitzbogenloggia; von hier genießt man einen schönen Blick. Besondere Beachtung verdient der als Löwenmaul gestaltete Briefkasten **50 Dinge** ㉓ › **S. 14**. Hier konnte man Zettel einwerfen und damit auf anonyme Weise jemanden denunzieren.

Scala d'Oro

Die Goldene Treppe führt von der Loggia hinauf zu den Wohnungen und Amtsräumen der Dogen. Bereits beim Anblick der von Jacopo Sansovino entworfenen und von Pietro Guberni ausgeführten Scala d'Oro mit ihrem stuckverzierten Tonnengewölbe bekommt man eine Ahnung davon, wie prächtig, gewaltig und eindrucksvoll der Dogenpalast ist.

Zweiter Stock

Ausländische Gesandte, die im Dogenpalast vorsprechen wollten, warteten zunächst in der **Sala del Anticollegio,** einem prachtvollen Raum, der mit Gemälden von Tintoretto und Veroneses »Entführung der Europa« geschmückt ist. In der **Sala del Collegio,** deren Decke und Wände Meisterwerke Tintorettos, Tizians und Veroneses aufs Prachtvollste zieren, wurden die ausländischen Botschafter dann empfangen.

Man gelangt nun in die Räume der Hauptregierungsorgane der Republik, darunter die **Sala del Senato,** Versammlungszimmer und somit älteste Institution des venezianischen Staates. Hier wurde über Krieg und Frieden beratschlagt. Im **Consiglio dei Dieci** (Rat der Zehn) tagte das berüchtigte Sondergericht, welches das Recht besaß, gegen jeden vorzugehen, der die Sicherheit des Staates gefährdete.

Die **Sala della Bussola** versperrte den Durchgang zum gefürchteten Raum der Inquisitoren. In der angrenzenden **Armeria** sind mehr als 2000 Waffen ausgestellt.

Erster Stock

Nun steigt man hinunter in den 1. Stock, wo sich nicht nur die Wohnräume des Dogen befanden, sondern auch der großartigste Saal des Palasts: die **Sala del Maggior Consiglio** (Saal des Großen Rats). Im Sitzungssaal des Parlaments der Patrizier, die im *Libro d'Oro* (Goldenen Buch) eingetragen waren, gab es zeitweise bis zu 1600 Berechtigte. Neun Längsreihen mit Doppelsitzen zogen sich durch den Raum, in dessen Mitte ein Podest für die Redner platziert war. Die Versammlungen fanden sonntags statt, scharf bewacht von bewaffneten Soldaten, die auf der Piazza und am Ponte della Paglia Wache hielten. Staatsakte und öffentliche Feste wurden hier abgehalten und vermutlich auch die Dogen gewählt. Während der österreichischen Besatzung wurde an diesem Ort am 2. April 1849 *resistenza ad ogni costo* (Widerstand um jeden Preis) proklamiert.

Die imposante Decke des Sala del Maggior Consiglio zieren schwere Goldornamente, sie geben die Rahmen für die 15 Deckengemälde ab, die zwischen 1578 und 1585 entstanden. Das Mittelbild von Tintoretto zeigt die Königin Venezia im Kreis verschiedener Meeresgottheiten, wie sie dem Dogen Nicolò da Ponte (1578–1585) einen Olivenzweig reicht, und der Doge ihr den Senat und die Gaben der unterworfenen Provinzen präsentiert.

Zum Fenster hin sieht man eine Darstellung der Venezia, die von der Siegesgöttin gekrönt wird und die Huldigungen der Bevölkerung

Tiefblick auf die Torre dell'Orologio, den Markusplatz und San Marco

empfängt, ein Werk von Palma il Giovane. Das Gegenstück schuf Paolo Veronese: eine Verherrlichung der Venezia, die auf den Wolken sitzt und von Göttern des Olymp umgeben ist. Das überwältigendste Bild aber ist Tintorettos »Paradies« **50 Dinge** ㉘ › **S. 15**, an dem der Künstler zwischen 1588 und 1594 arbeitete. Es schmückte die Wand hinter dem Dogenthron.

An den Ratssaal grenzt im Westflügel die imposante **Sala dello Scrutinio** (»Saal der Abstimmung«), in der der Große Rat seine Stimmen abgab. Die Reihe der Dogenporträts ist hier bis zum Ende der Republik 1797 weitergeführt. Die Deckenge-

mälde verherrlichen ebenso wie die Längswände venezianische Siege. An der Eingangswand hängt das »Jüngste Gericht« von Palma il Giovane, gegenüber wurde 1694 für den Dogen Morosini anlässlich einer siegreichen Schlacht gegen die Türken ein Triumphbogen errichtet.

Prigioni

Labyrinthisch angelegte Geheimgänge führen durch den dunklen und schauerlichen Teil des Dogenpalasts in die alten Kerker und Folterkammern. Von dort gelangten die Gefangenen über die **Seufzerbrücke** *(Ponte dei Sospiri)* in die **Prigioni Nuove**, das Staatsgefängnis.

Den Verurteilten eröffnete sich auf der Brücke ein letzter Blick in die Freiheit, was ihr den Namen »Seufzerbrücke« beschert hat. Die Gefangenen – einer der berühmtesten war Casanova › **S. 86** – wurden von hier entweder in die *piombi* (Bleikammern) gebracht, wo sie in Zellen unterhalb des Daches unerträglicher Hitze ausgesetzt waren, oder in die düsteren, nasskalten *pozzi* (Brunnen) im Erdgeschoss, die vor allem bei *acqua alta* bis zu den Steinpritschen unter Wasser standen **50 Dinge** ① › **S. 12** (nur im Rahmen der Führung Itinerari Segreti › **S. 78** zu besichtigen).

Colonne di San Marco e San Todaro

Gleich neben dem Dogenpalast erheben sich die Säulen der hl. Markus und Theodor. Die Riesenmonolithe aus Granit wurden im 12. Jh. aus dem Orient nach Venedig gebracht und stehen seit 1172 als einschüchternde Machtsymbole am Molo. Zwischen den beiden Säulen wurden auch Todesurteile vollstreckt – abergläubische Venezianer gehen hier deswegen nicht durch.

Der Markuslöwe auf der Säule zum Palast hin ist unbekannter orientalischer Herkunft; er war früher einmal vergoldet.

Die Statue des hl. Theodor auf der anderen Seite gilt als römische Arbeit, die Mithridates, König von Pontus, darstellen soll. Theodor war vor dem Raub der Markusreliquien der Stadtpatron Venedigs.

Torre dell' Orologio 41 ⭐ [E4]

Richtung Rialto geht es durch den Torbogen der Torre dell'Orologio. Der Uhrturm ist ein volkstümliches Wahrzeichen mit zwei Mohren, die die Stunden schlagen. Mauro Codussi hatte den Turm noch als Abschluss seiner Alten Prokuratien geplant; auf das Jahr 1497 geht auch der Guss der Mohren zurück sowie die seinerzeit als Wunderwerk geltende Uhr, die außer der Zeit auch die Mondphasen und den Lauf der Sonne im Tierkreis anzeigt. Der Löwe vor dem Sternenfeld wurde mit dem Obergeschoss erst 1755 hinzugefügt. Den Uhrturm, der einen fantastischen Panoramablick über Venedig eröffnet, kann man im Rahmen einer vorher gebuchten 45-minütigen Führung besichtigen (Piazza San Marco, Anmeldung unter Tel. 041 42 73 08 92 oder online, Treffpunkt Eingang Museo Correr, 12 €, www.torreorologio.visitmuve.it).

Im Herzen von San Marco

Verlauf: Piazza San Marco › San Moisè › Gran Teatro La Fenice › Campo Santo Stefano › Campo Sant'Angelo › Campo Manin › Campo San Luca

Karte: Seite 72
Dauer: reine Gehzeit 2–3 Std.
Praktische Hinweise:
- Ausgangspunkt: Vaporetto-Station San Marco/Vallaresso
- Die nächste Vaporetto-Station am Tourende beim Campo San Luca ist Rialto.

Tour-Start: **Capitaneria del Porto** 42 [D5]

Hinter der Anlegestelle San Marco/Vallaresso liegt diese Anlage im lombardischen Stil (Ende 15. Jh.). Unter dem Vorsitz Tiepolos residierte hier 1756–1807 die Accademia di Pittura e di Scultura (Akademie für Malerei und Bildhauerei); jetzt ist sie Sitz der Hafenbehörde.

Zwischenstopp: Restaurant
Harry's Bar ❶ €€€ [D5]

Eine legendäre Adresse: Prominente wie Winston Churchill und Ernest Hemingway, Filmgrößen wie Lauren Bacall, Frank Sinatra oder Federico Fellini kamen auf einen Drink in die American Bar, die in westlicher Richtung gleich hinter dem Markusplatz liegt und einen ganz unscheinbaren Eingang besitzt. An ihrem Tresen wurde der »Bellini« kreiert, ein Aperitif aus Pfirsichpüree und Prosecco

Die Büste über dem Hauptportal von San Moisè stellt den Stifter Vincenzo Fini dar

50 Dinge ⑮ › S. 13. Auch das *carpaccio* wurde hier erfunden, hauchzart geschnittenes, mit Zitronensaft und Olivenöl angemachtes rohes Rindfleisch. Im 1. Stock über der Bar befindet sich heute ein exklusives Restaurant. Tgl. 10.30–23 Uhr.

• Calle Vallaresso 1323
  Tel. 04 15 28 57 77
  www.harrysbarvenezia.com

San Moisè 43 [D4]

Die Salizzada San Moisè führt zur Kirche gleichen Namens. Sie hat ihre Ursprünge im 8. Jh. und wurde in ihrer heutigen Gestalt 1668 erbaut; die ❗ prächtige barocke Fassade schmücken Skulpturen des österreichischen Bildhauers Heinrich Meyring – sein venezianischer Name ist Arrigo Marengo. Er schuf auch den dreidimensionalen dramatischen Moses-Hauptaltar im Inneren. Aufmerksamkeit verdienen zudem die »Fußwaschung« von Tintoretto und die Porträtbüsten der Stifterfamilie Fini (Mo–Sa 9.30–12.30 Uhr).

An der Rückseite zweigt die Calle del Ridotto ab. *Ridotto* bedeutete früher »Klub« (Redoute), und in diesem Viertel wurde ab 1768 so sehr der Spielleidenschaft gefrönt, dass die Stadt im Jahr 1774 dem Treiben ein Ende bereitete. Heute ist in der Gasse der Eingang zu der im spätgotischen Stil erbauten **Ca' Giustinian** (15. Jh.) › S. 68.

Gran Teatro La Fenice 44 ⭐ [D4]

Hinter der neu restaurierten Börse führt die Calle delle Veste direkt zum Campo San Fantin mit dem bedeutendsten Opernhaus Venedigs, dessen Besichtigung man sich auf keinen Fall entgehen lassen sollte. Nachdem Venedigs wichtigstes Opernhaus 1773 in Flammen aufgegangen war, errichtete man zwischen 1790 und 1792 das Gran Teatro La Fenice, das wie Phönix (ital. *fenice*) aus der Asche erstand. 1836 fiel dieses in ganz Europa berühmte Opernhaus erneut einem Brand zum Opfer, doch noch im selben Jahr wurde es wieder aufgebaut und erhielt ❗ einen der schönsten Zuschauerräume jener Zeit. Dann geschah das Unvorstellbare: 1996 schlugen erneut Flammen aus dem Fenice, das Gebäude brannte aus. Ursache war Brandstiftung. Unglücklicherweise führte auch der angrenzende Kanal just zu diesem Zeitpunkt kein Wasser, da er gerade von Schlamm und Schlick gesäubert wurde – Löschflugzeuge mussten im Becken von San Marco Wasser holen. Mit internationaler Hilfe wurde das Opernhaus unter der

Leitung von Aldo Rossi nahezu originalgetreu wiederaufgebaut und 2004 feierlich wiedereröffnet.

Während der ca. einstündigen Audioguide-Tour lernt man die Geschichte des Opernhauses kennen, in dem zahlreiche Uraufführungen stattfanden, man sieht den Opernsaal, die Kaiserloge, in der heute wieder Staatsgäste und gekrönte Häupter sitzen, sowie die Apollosäle (Campo San Fantin, wechselnde Öffnungszeiten, aktuelle Infos an der Kasse, tgl. 10–17 Uhr, oder online unter www.festfenice.com, 10 €).

Santa Maria del Giglio 45 [D5]

Die Opulenz des Barockbaus von Sardi (1678–1683) leitet sich vom Geltungsbedürfnis der Stifterfamilie Barbaro her, die Pläne ihrer Besitzungen im Sockelgeschoss in Stein verewigen ließ. Die Innenausstattung kann Tintoretto vorweisen: ehemalige Orgelprospekttüren, hinter dem Altar unter der Empore. Die Schatzkapelle birgt das Bild »Madonna con Bambino e San Giovannino«, dessen

Mittelpartie von Rubens stammt (Mo 10.30–16, Di–Sa bis 16.30 Uhr, Choruskirche › **S. 153**).

Shopping

Il Prato

Eine Top-Adresse für Liebhaber von marmoriertem Papier **50 Dinge** 35 › **S. 16**.

- San Marco 2456/9
  Calle delle Ostreghe
  Tel. 04 15 23 11 48
  www.ilpratovenezia.com

Jesurum

Qualitativ hochwertige und mit typischen venezianischen Mustern versehene Bett- und Tischwäsche.

- San Marco 2433 | Calle delle Ostreghe
  Tel. 04 15 23 89 69
  www.jesurum.it

Campo Santo Stefano

Auf dem weitläufigen Campo Santo Stefano fand einst die *caccia al toro* statt, doch nachdem im Jahr 1802 beim Einsturz einer Tribüne mehrere Menschen den Tod gefunden hatten, wurde die Stierhatz aufgegeben. Bis heute ist der Platz Veranstal-

»Verurteilung zur Meerfahrt der Galeere«

Machtzentrum Dogenpalast, Handelszentrum Rialto: Der Warenaustausch, der die junge Republik reich und stark machte, basierte auf Lebensmitteln, Rohstoffen und Luxusgütern – und hatte eine grausame Seite. Die Kriminalwissenschaft nennt die Galeerenstrafe den »tausendfachen Tod«; die »Verurteilung zur Meerfahrt der Galeere« war fällig bei schweren Verbrechen wie Mord, Ehebruch, Notzucht, Bigamie, notorischem Diebstahl und Gotteslästerung – und diente auch dazu, Unbequeme, Vaganten und Gauner loszuwerden. Privilegierte Stände wie der Adel und die Geistlichkeit kamen allerdings mit der »einfachen« Todesstrafe davon. Das war besser als Rudern. Die Galeeren haben längst ausgedient, aber noch heute bedeutet in der italienischen Umgangssprache *andare in galera* »einsitzen«.

tungsort diverser Festivitäten. Am Nordende steht die Kirche **Santo Stefano** 46 [C4] mit einem ! gotischen Portal aus der Werkstatt Bartolomeo Bons. Der Bau geht aufs 13. Jh. zurück und wurde im 14./15. Jh. im gotischen Stil erneuert. **50 Dinge** 29 › **S. 15**. Der dreischiffige Innenraum ist mit Schiffsholzdecken eingewölbt. Der schiefe Campanile bildet einen Blickfang in diesem Viertel (Mo 10.30–16, Di–Sa bis 16.30 Uhr, Choruskirche › **S. 153**).

Zum Palazzo Grassi

Wenn man von hier Richtung Ponte dell'Accademia geht, gelangt man zur **Chiesa San Vidal** 47 [C5], in der im Sommer stimmungsvolle Konzerte stattfinden › **S. 42**.

In der westlichen Kanalschleife liegt der **Palazzo Grassi** [C4] › **S. 67**, ein Paradebeispiel klassizistischer Architektur des 18. Jhs. Stararchitekt Tadao Ando baute ihn mit Fingerspitzengefühl um. Heute beherbergt er auf 5000 m² die Privatsammlung zeitgenössischer Kunst des französischen Industriellen François Pinault (Ausstellungstermine unter www.palazzograssi.it).

Campo Sant'Angelo

Gotische Fassaden säumen den Platz; in der rechten Häuserfront (Nr. 3584) lebte der Opernkomponist Domenico Cimarosa. Links ragt der schiefe Campanile des früheren Konvents Santo Stefano in den Himmel.

Casanova – auf den Spuren eines großen Verführers

Er war Verführer, Lebemann, Abenteurer, Schriftsteller, Falschspieler, Priester, Geiger und Spitzel in einem: Giacomo Casanova, 1725 als Sohn einer Schauspielerin in Venedig geboren. Während die Frauen dem legendären Verführer zu Füßen lagen, brachten andere dem unsteten und frivolen Lebenskünstler nur Spott und Verachtung entgegen. Zunächst wurde der studierte Jurist, der nie verheiratet war, wohl aber eine nicht genau zu beziffernde, vermutlich aber stolze Zahl an Nachkommen zeugte, auf Geheiß seiner Großmutter Priester. Eskapaden und Skandale folgten. So soll Casanova während einer Predigt in volltrunkenem Zustand von der Kanzel gestürzt sein. Er gab sein Priesteramt wieder auf und verdiente sein Geld u.a. als Geiger in einem Orchester. 1755 wurde er unter dem Vorwurf der Gotteslästerung in Venedig verhaftet und schmorte in den Prigioni Nuove. Zweimal versuchte er aus den Bleikammern zu fliehen. Der zweite, aufsehenerregende Fluchtversuch gelang. Über diese Flucht aus den Kerkern verfasste Casanova ein Buch, das schon zu seinen Lebzeiten übersetzt und vielfach gelesen wurde. Nach zahlreichen Reisen quer durch Europa, die ihn u. a. an den Hof Friedrichs II. und Katharinas II. brachten, kehrte Casanova 1772 nach Venedig zurück und war dort als Theaterdirektor und Geheimagent der venezianischen Staatsinquisition tätig. 1798 starb er auf Schloss Dux in Nordböhmen, wo er als Bibliothekar angestellt gewesen war und u. a. seine Memoiren verfasst hatte.

Palazzo Fortuny 48 [D4]

Links lohnt ein Abstecher zum Palazzo Fortuny (Museo Pesaro). Außer der gotischen Fassade (15. Jh.) beeindruckt der **Innenhof** mit historischem Treppenaufgang. Der Palazzo war Wohnsitz des aus Spanien stammenden Modedesigners Mariano Fortuny (1871–1950), der mit seinen exzentrischen Entwürfen und Stoffkreationen wie z. B. dem Plisseestoff die Hautevolee beglückte. Die Innenräume des **Museums** spiegeln mit erlesener Einrichtung den Geschmack des Wahlvenezianers wider, der auch als Maler, Fotograf und Architekt Furore machte (Campo San Beneto, Mi–Mo 10–18 Uhr, www.fortuny.visitmuve.it, 12 €).

Campo Manin und San Luca

Die Calle della Mandola mündet auf den **Campo Manin** mit dem mächtigen Denkmal des Daniele Manin, Anführer der Revolution gegen die österreichische Besatzung von 1848 bis 1849). Man überquert den Platz und biegt am Gebäude der Cassa di Risparmio links zum Campo mit der Pfarrkirche **San Luca** 49 [D4] ab. Das Hauptaltarbild ist ein weiteres Kunstwerk von Paolo Veronese.

Zwischenstopp: Restaurant

Al Volto ❷ €€ [D4]

In diesem für sein exzellentes Weinsortiment berühmten Szene-Bàcaro trifft man auf gestylte Erscheinungen aus der Welt von Kunst und Bohème. Zur *ombra* gibt es gute *cicchetti* gleich an der Theke.
• San Marco 4081 | Calle Cavalli
   Tel. 04 15 22 89 45

Die Scala Contarini del Bovolo

Palazzo Contarini del Bovolo 50 [D4]

Vom Campo Manin zweigt rechts die Calle della Vida o delle Locande ab. Der Palazzo Contarini del Bovolo (Nr. 4299) bewahrt im Innenhof ein gemauertes Wendeltreppenhaus: die zauberhafte **Scala Contarini del Bovolo** (ital. *bovolo* = Schnecke) mit eingelegtem Marmor, ein lombardisches Meisterwerk von 1499. Eine Innenbesichtigung des Palastes ist nicht möglich.

Vom Palastinnenhof nach rechts mündet die Gasse auf die Calle dei Fuseri, die links zum Campo San Luca führt.

Campo San Luca

Ein Steinpfosten mit einer Fahnenstange auf dem Campo San Luca, einem beliebten Treffpunkt der Venezianer, bezeichnet die historische Mitte von Venedig. Eingemeißelt sind der Markuslöwe, der hl. Lukas (Pfarrei) und in der Mitte das alchemistische Zeichen für Medizin, Siegel einer ehemaligen Bruderschaft in der Pfarrei.

Die Calle San Luca mündet in die Calle dei Fabbri, die kürzeste Verbindung von San Marco und Rialto; sie führt zum **Teatro Goldoni** › **S. 90**, seit dem 19. Jh. eine der bedeutendsten Bühnen Venedigs.

Vom Markusplatz nach Rialto

Verlauf: Merceria dell'Orologio › **San Salvatore** › **Teatro Goldoni** › **Ponte Rialto** › **Fondaco dei Tedeschi**

Karte: Seite 72
Dauer: reine Gehzeit ca. 1 Std.
Praktische Hinweise:
- Ausgangspunkt: Vaporetto-Station San Marco/Vallaresso oder San Zaccaria
- Endpunkt: Vaporetto-Station Rialto
- Einige Geschäfte haben sonntags geschlossen. Vorsicht vor fliegenden Händlern: Manche Produkte sind billige Imitate.

Tour-Start: Merceria dell'Orologio

Der Durchgang des volkstümlichen Wahrzeichens Torre dell'Orologio › **S. 83** öffnet sich vom Markusplatz auf die belebte Merceria dell'Oro-

logio. Mercerie sind Einkaufsgassen (von *merce*, Waren) und in Venedig entsprechend häufig. Wo heute exklusive Boutiquen ihre Kunden empfangen – darunter Filialen fast aller berühmten italienischen Modemarken –, hatten bereits im Mittelalter die Händler ihre Läden, in denen von Stoffen bis zu Gewürzen alle erdenklichen Waren feilgeboten wurden.

Calle degli Specchieri

Alternativ kann man den Weg über die parallel verlaufende Calle degli Specchieri, die ehemalige Straße der Spiegelmacher, fortsetzen. Auch dieser Zweig der Glasherstellung war in Venedig einst ein florierendes Gewerbe. Die enge Gasse nimmt an der Nordseite der Markusbasilika ihren Anfang.

Zwischenstopp: Restaurant
Do Forni ❸ €€€ [E4]
In dem alteingesessenen Restaurant wähnt man sich im legendären Orient-Express. Es gehört zu den beliebtesten der Stadt und bietet raffiniert interpretierte venezianische Küche.
- San Marco 468
  Calle degli Specchieri
  Tel. 04 15 23 21 48
  www.doforni.it

San Salvatore 51 [D4]

Die Kirche liegt am gleichnamigen Campo. An dem Bau in der heutigen Gestalt, der zwischen 1507 und 1534 entstand, waren die Baumeister Spavento, Tullio und Pietro Lombardo sowie Sansovino beteiligt. Das Seitenportal zur Merceria

Die Rialtobrücke verbindet die Stadtteile San Marco und San Polo

hin entstammt dieser Phase; die Fassade wurde von Sardi 1663 erneut umgestaltet.

Der **Innenraum** ist ein Musterbeispiel der Hochrenaissance. Am Grabmal des Dogen Francesco Venier zwischen dem zweiten und dritten Altar rechts stehen mit »Carità« (»Wohltätigkeit«) und »Speranza« (»Hoffnung«) zwei Sansovino-Plastiken; es folgt Tizians »Annunciazione« (»Verkündigung«).

Der Hauptaltar, eine venezianische Silberarbeit (1290), die im 15. Jh. umgearbeitet wurde, wird nur vom 3. bis 15. August enthüllt: Ihn schmückt Tizians »Verklärung«. Unter den Grabmälern der Kirche

befindet sich auch jenes der 1663 beigesetzten Catarina Cornaro, der Königin von Zypern (Mo–Sa 9–12, 16–18, im Winter 9–12, 15–18 Uhr, Eintritt frei).

Scuola Grande di San Teodoro [D4]

Der Bau schräg gegenüber dem Hauptportal von San Salvatore wurde 1579 begonnen und mit der barocken Fassade 1648 abgeschlossen. Interessante Ausstellungen ziehen heute Besucher ins Erdgeschoss der einstigen »Schule« › **S. 55**; im Obergeschoss finden im Sommer stimmungsvolle Konzerte statt (Infos und Tickets am Eingang).

Teatro Goldoni 52 [D4]

Über die Calle Teatro dell'Ovo erreicht man eine der ältesten Bühnen der Stadt, benannt nach Carlo Goldoni (1707–1793), dessen berühmte Komödien neben anderen venezianischen Klassikern regelmäßig auf dem Spielplan stehen › **S. 41**.

Ponte di Rialto 53 ⭐ 5 [D3]

Bis vor etwa 150 Jahren stellte die Rialtobrücke den einzigen Übergang über den Canal Grande dar. Hier entfaltete sich das Geschäftszentrum der blühenden Republik. Der Anleger war ein internationaler Handelsplatz, an den die Ufernamen erinnern: Fondamenta del Vin (Wein), del Carbon (Kohle), del Ferro (Eisen). Fisch und Meeresfrüchte, Obst und Gemüse werden immer noch am Rialto umgeschlagen. Der heutigen Steinbrücke von 1591, die sich in einem 48 m hohen Marmorbogen über den Canal Grande spannt und bis 2017 mit privaten Geldern des Modeunternehmers Renzo Rosso (»Diesel«) renoviert wird, gingen mehrere Holzkonstruktionen voraus.

1513 fiel das gesamte Rialtoviertel einem Brand zum Opfer und musste neu aufgebaut werden. So entstand auch der **Palazzo dei Camerlenghi** 54 [D3] (1525–1528) rechts nach der Brücke. Hier wurden die Finanzen verwaltet und im vergitterten Untergeschoss Schuldner eingesperrt – die Kaufmannsmoral blamierte kaufmännische Vergehen vor aller Augen. Die frühe Renaissancearchitektur schuf Jacopo Sansovino 1552–1555. Ursprünglich wurde vom Rialto aus auch

regiert, bis Anfang des 9. Jhs. der Umzug nach San Marco erfolgte. Auch im modernen Venedig ist der Rialto Regierungssitz; in der **Ca' Farsetti** befindet sich das Rathaus › **S. 65**. 2001, nach dem G8-Gipfel in Genua, zerstörte ein Bombenanschlag auf den Justizpalast Teile des Renaissancebaus.

Fondaco dei Tedeschi 55 [D3]

Vom Ponte Sant'Antonio gelangt man zum **Campo San Bartolomeo** mit dem Goldoni-Denkmal von 1881, einem der belebtesten Plätze der Stadt und beliebter Treffpunkt von Venedigs Jeunesse dorée an lauen Abenden.

Ganz in der Nähe verdient der **Fondaco dei Tedeschi,** der einstige deutsche Handelshof, nähere Betrachtung. Man hatte den deutschen Kaufleuten in Venedig einen eigenen Handelsplatz zugestanden, und das in exponierter Lage. Die Fassade weist zum Canal Grande, direkt neben der Rialtobrücke; durch die offenen Arkaden im Erdgeschoss wurden Waren ein- und ausgeladen. 2008 erwarb Benetton das Gebäude. Ende 2016 eröffnete hier eine Luxus-Mall des Konzerns LVMH mit Café-Restaurant im Atrium.

Den »Sitz der Deutschen« – seit dem 12. Jh. – zeichnen in dem Renaissancebau (1505–1508) die Arkaden des **Innenhofs** aus: Trotz seiner vier Bogenreihen übereinander wirkt er graziös, fast verspielt.

In der Pescheria, der neogotischen Fischhalle des Rialtomarktes

SAN POLO & SANTA CROCE

Kleine Inspiration

- **Der Gobbo di Rialto,** der Bucklige von Rialto, spielte nicht nur eine wichtige Rolle in der städtischen Gerichtsbarkeit, er war auch eine Identifikationsfigur für viele Venezianer › S. 93
- **Im ältesten Restaurant der Stadt,** der Antica Trattoria Poste Vecie, genießt man traditionelle venezianische Küche › S. 94
- **Höhepunkte des Filmfestivals** zeigt die Stadt im großen Freilichtkino auf dem Campo San Polo › S. 96
- **Ein beliebter Treffpunkt der Venezianer** vor allem an heißen Sommertagen ist der Campo San Giacomo dall'Orio mit seinem plätschernden Brunnen › S. 98

Vom lebhaften Markt an der Rialtobrücke bis ins Gewirr der kleinen Gässchen und Winkel: Die beiden eng miteinander verbundenen Sestieri San Polo und Santa Croce bieten ein buntes Kaleidoskop Venedigs.

In diesen beiden Sestieri, die in der oberen Kanalschleife liegen und eng miteinander verzahnt sind, fällt es wegen der zahlreichen engen, verwinkelten Gassen besonders schwer, sich zu orientieren. Wer sich hier verläuft, sollte sich mit dem Reizvollen trösten, das eine solch ungeplante Tour zu bieten hat: die stillen und pittoresken Winkel, die Stimmung an den lauschigen Plätzen, den winzigen Brücken und kleinen Kanälen, die versteckten Bàcari, in die die Venezianer bereits am Vormittag einkehren …

Laut, hektisch und betriebsam hingegen geht es im Rialtoviertel (von lat. *rivus altus*, oberes Ufer) zu, wo sich bereits im Mittelalter das Markt- und Handelsgeschehen der Stadt konzentrierte. Der Bummel über den farbenprächtigen Obst- und Gemüsemarkt *(erberia)* sowie den angrenzenden Fischmarkt *(pescheria)* in den Morgenstunden gehört zum Pflichtprogramm. Turbulent geht es auch in den angrenzenden Basarstraßen zu. Wer dem Rummel hier entflohen ist, wird mit wunderschönen Plätzen wie dem Campo San Polo oder dem Campo dall'Orio und grandiosen Kirchenbauwerken und Scuole belohnt. Auf keinen Fall versäumen sollte man die Basilica dei Frari und die Scuola Grande di San Rocco.

Tiepolos »Kreuzigung« in der Scuola Grande di San Rocco

Touren in San Polo & Santa Croce

Von der Rialtobrücke zu San Stae

Verlauf: Rialtobrücke › Mercato di Rialto › Campo San Polo › Ca' Pesaro mit Galleria d'Arte Moderna und Museo d'Arte Orientale › San Stae

Karte: Seite 72
Dauer: reine Gehzeit 2–3 Std.
Praktische Hinweise:
- Start ist an der Vaporetto-Station Rialto, Endpunkt an San Stae.
- Der Fischmarkt findet nur vormittags statt, Mo geschl.
- Die seltene Möglichkeit, den Aperitif am Canal Grande einzunehmen, bieten Lokale wie das Naranzaria nahe San Giacomo di Rialto.

Tour-Start:

Der Weg führt durch das quirlige Rialtoviertel zum großen Campo San Polo, mit Freilichtbühne im Sommer, zur Kirche San Cassiano und an den Canal Grande, wo sehenswerte Museen locken.

Ruga degli Orefici

Die **Rialtobrücke** › S. 90 mündet in die Ruga degli Orefici (Oresi), die Straße der Goldschmiede – der Name weist auf den Reichtum in historischer Zeit hin. Noch heute findet man in der Ladenstraße viel Gold, Silber, Perlen und Edelsteine.

Die Goldschmiede haben in **San Giacomo di Rialto** 56 [D3] noch ihre Patronatskirche. Als einzige Kirche der Stadt besitzt »San Giacometto«, in der abendliche Konzerte beworben werden, eine Säulenvorhalle aus gotischer Zeit. San Giacomo ist eine der ältesten Kirchen Venedigs, wovon eine Inschrift aus dem 12. Jh. an der äußeren Apsismauer zeugt, die die Händler zu Treue und Redlichkeit mahnt. Aus der Ausstattung der Kirche ragt die anonyme »Schmerzensmutter« mit den sieben Schwertern in der Brust hervor, die im linken Seitenschiff zu besichtigen ist (Mo–Sa 10–17 Uhr).

Der Kirchenvorplatz, der **Campo di Rialto,** nach dem Brand 1513 von Arkadenbauten Scarpagninos eingefasst, diente der Bekanntgabe von Dekreten und Gesetzen. Der kniende Mann, der die Stufen des Steintreppchens auf dem Campo di Rialto trägt, wurde als **Gobbo di Rialto** (»Buckliger von Rialto«) eine volkstümliche Figur. Auch in der »Republik« Venedig, einer Oligarchie, gab es viele weniger Wohlhabende, die sich angesichts drückender Steuerforderungen in fatalistischem Humor mit dem *gobbo* identifizierten. Il Gobbo war zudem Zielpunkt eines erniedrigenden Laufs, bei dem Straftäter splitternackt vom Markusplatz bis Rialto laufen mussten.

Die Goldschmiedestraße mündet in einen kleinen Platz, wo es rechts zum Markt geht. Nach dem Arkadendurchgang zum Ufer des Canal

Erberia: auf dem Obst- und Gemüsemarkt neben der Rialtobrücke

Grande erblickt man auf der anderen Seite die veneto-byzantinische Ca' da Mosto › S. 65.

Mercato di Rialto 57 ⭐ [D3]

Der Rialtomarkt unweit der Rialtobrücke war einst der bedeutendste und ist heute Venedigs schönster Markt **50 Dinge** ④ › **S. 12.** Fangfrisch aus der Lagune – und tiefgefroren aus Übersee – kommt der Fisch seit 1907 in die **Pescheria,** die ❗ neugotische Fischmarkthalle.

Auf der **Erberia,** dem ❗ pittoresken Obst- und Gemüsemarkt, erlebt man zwischen kunstvoll drapierten Artischocken **50 Dinge** ⑭ › **S. 13** und Zucchini ein authentisches Stück Venedig. An Werktagen (außer Mo) wird hier vormittags Markt abgehalten. Mittags, kurz vor Ende der Marktzeit, erreicht der Lärmpegel der Marktschreier ohrenbetäubende Dimensionen.

Zwischenstopp: Restaurants

Poste Vecie ❹ €€ [D3]
Im ältesten Restaurant Venedigs, nahe dem Fischmarkt, werden täglich frisch vom Rialtomarkt Fisch und Gemüse angeliefert. Die traditionellen venezianischen Gerichte genießt man im Sommer im schönen Patio mit Tischen im Freien. Di geschl.
• San Polo 1608
Rialto (Pescheria)
Tel. 041 72 18 22
www.postevecie.com

Cantina do Mori ❺ € [D3]
Schon seit 1462 gibt es das düstere kleine Traditions-Bàcaro unweit des Marktes, und seither hat sich nicht allzu viel verändert. Der Wein ist gut, und das Stockfischmus, mit dem hier kleine Weißbrotscheiben bestrichen werden, gilt als das beste Venedigs.
• San Polo 429
Calle dei do Mori
Tel. 04 15 22 54 01

Ruga Vecchia
San Giovanni

Weiter geht es in die Ruga Vecchia San Giovanni. Zwischen den Häusern ragt der Campanile der versteckten Kirche **San Giovanni Elemosinario** 58 [D3] auf, die nach dem Brand von 1513 neu errichtet wurde. Sie birgt Gemälde des Farbvirtuosen Pordenone, eines Rivalen von Tizian, sowie Werke von Tizian und Domenico Tintoretto (Mo–Sa 10.30–13 Uhr, Choruskirche › S. 153).

Die Ruga Vecchia San Giovanni und ihre Fortsetzung, die Rughetta del Ravano, sind die Ader dieses typischen Einkaufsviertels. Nach links biegt der **Rio Terrà San Silvestro** zur Kirche **San Silvestro** 59 [D4] ab. Sie ist ein Beispiel für bedenkenlose Restaurierung im 19. Jh. Die Kirche, die auf das 9. Jh. zurückgeht, birgt ein spätgotisches Altarbild (14. Jh.) an der linken Seitenwand und die »Taufe Christi« von Jacopo Tintoretto am ersten Seitenaltar rechts.

Die Ladenstraße öffnet sich auf den kleinen Campo San Aponal mit der Kirche **Sant'Apollinare** 60 [D3] (venez.: Aponal) aus dem 11. Jh., die im 15. Jh. gotisiert wurde.

Campo San Polo

Nach San Marco ist dies der zweitgrößte Platz Venedigs. Hier fanden einst aufwendige Bälle, Paraden und sogar Stierhatzen statt, während sich die armen Leute auf den Kleidermärkten günstig versorgen konnten. Heute ist der Campo im Winter das Herz des venezianischen Karnevals, im Sommer eine ! Attraktion mit Freilichtbühnen.

Im gotischen **Palazzo Soranzo** (Nr. 2169–2171) ging Casanova › S. 86 ein und aus. 1548 wurde auf dem Campo Lorenzo de' Medici ermordet, der sich zuvor selbst des Mordes schuldig gemacht hatte.

Die **Chiesa di San Polo** 61 [C4] betritt man durch das gotische Kirchenportal am rechten Seitenschiff. Den im 19. Jh. restaurierten Innenraum der Anlage aus dem 9. Jh. überwölbt die hölzerne Schiffsdecke aus den Werkstätten der Seefahrerrepublik. An der Rückwand

---

! **Erstklassig**

Stimmungsvolle Campi

• **Campo San Polo** › S. 95: Der Platz besticht durch seine herbe Eigentümlichkeit und ist ein schöner Ort für eine Rast.

• **Campo Santi Giovanni e Paolo** › S. 119 (Castello): Die Fassaden der ehemaligen Scuola Grande di San Marco und der Dominikanerkirche Santi Giovanni e Paolo machen ihn zu einem der eindrucksvollsten Plätze Venedigs.

• **Campo Santa Margherita** › S. 136 (Dorsoduro): An Sommerabenden ein beliebter Treffpunkt der Studenten, die den Campo bevölkern oder auf ein Glas Wein einkehren.

• **Campo San Barnaba** › S. 136 (Dorsoduro): Mehrere Restaurants, ein Bàcaro, das angestrahlte Kirchenportal – der kleine Campo ist ein hinreißender Platz an lauen Sommerabenden.

links vom Eingang hängt Tintorettos epochales **Abendmahl**. Der kühne Entwurf bewältigt das schwierige Handtuchformat und schafft durch geniale malerische Komposition eine fesselnde Dynamik.

Auch die Tiepolos beschenkten San Polo reich. Vom Vater Giovanni Battista Tiepolo stammt das Gemälde, das die »Vision des hl. Johannes Nepomuk« anschaulich darstellt. In der umgebauten ehemaligen Vorhalle findet man die **14 Kreuzwegstationen** »Via Crucis« seines Sohnes Giovanni Domenico (Mo 10.30–16, Di–Sa 10.30–16.30 Uhr, Choruskirche › **S. 153**).

Campiello
Albrizzi 62 [C/D3]

Die Calle de la Furatola führt über eine Brücke, die ein idyllisches Panorama bietet. Die erste Abzweigung, die Calle Stretta, mündet in den kleinen **Campiello Albrizzi** mit dem gleichnamigen, nach wie vor im Familienbesitz befindliche Palast – ein typisches Beispiel für ein venezianisches Patrizierhaus des 17. Jhs.

Über die Calle Albrizzi geht es dann schräg rechts in den Durchgang Carampane, der in die breite **Calle dei Botteri** übergeht, eine Ladenstraße, die sich bis zum Canal Grande zieht.

San Cassiano 63 [D3]

Auf halbem Weg gelangt man links zur Kirche San Cassiano (Cassan). Sie gehört zu den im Schnellverfahren hochgezogenen Kirchen Venedigs. Im Überfluss der Ausstattung gehen die Altarraumgemälde von Jacopo Tintoretto fast unter. Die gespenstisch mit einem Lanzenwald im Hintergrund dargestellte **Kreuzigungsszene** an der linken Wand des Altarraums spricht durch ihre Komposition. Gegenüber steht der Erlöser in der Vorhölle. Der erste Altar im rechten Seitenschiff der Kirche umrahmt ein heiter-gelöstes spätmittelalterliches Gemälde: Dargestellt ist Johannes der Täufer im Kreise der Heiligen Peter, Paul, Markus und Hieronymus.

Palazzo Mocenigo 64 [C3]

Allein sieben Dogen entstammten der Familie Mocenigo, die im 16. Jh. den Palazzo in der Nähe des Canal Grande erbaute. Heute ist hier ein bemerkenswertes Museum untergebracht, in dem man sich mit der

Zerstreuung für das Volk

Die Feste der Republik waren zahlreich und vielfältig, und die großen Campi boten ein ideales Ambiente für Veranstaltungen aller Art. Die Stadtarchive sind voll von Beschreibungen. Auf Venedigs zweitgrößtem Platz, dem Campo San Polo, fanden Stier- und Bärenhatz als Volksbelustigung statt. Ballspiele mit einem bespannten Schläger sind vom Campo Santo Stefano überliefert. Im Sommer verwandelt sich der Campo San Polo in eine Freiluftarena. Hier werden jedes Jahr Wettbewerbsbeiträge zum Internationalen Filmfestival auf Großleinwand gezeigt.

typischen Lebensweise vornehmer venezianischer Familien auseinandersetzen und die aufwendig gearbeiteten historischen Kostüme bewundern kann (Santa Croce 1992, Di–So 10–17, im Winter bis 16 Uhr, www.mocenigo.visitmuve.it, 8 €).

Ca' Pesaro 65 ★ [D3]

Schilder weisen zur **Galleria d'Arte Moderna** und zum **Museo d'Arte Orientale**, das Sammlungen von Kunstgegenständen aus dem Fernen Osten zeigt. Baldassare Longhena (1598–1682), führender Architekt des 17. Jhs. in Venedig, schuf den imposanten Palazzo Pesaro, in dem beide Museen untergebracht sind, nach dem Vorbild der Biblioteca Marciana. Die Galleria d'Arte Moderna sammelt seit 1902 moderne Kunst mit einem Akzent auf Venedig. Das Museum besitzt zudem die größte Sammlung Italiens an moderner Kunst aus dem Ausland, mit Werken u. a. von Utrillo, Rodin, Chagall, Kandinsky, Klee oder Picasso (Santa Croce 2076, April–Nov. Di–So 10–18, Nov.–März 10–17 Uhr, www.capesaro.visitmuve.it, 10 €).

San Stae 66 [C3]

Der Eindruck formalen Reichtums, den die zum Canal Grande weisende Fassade vermittelt, kann nicht darüber hinwegtäuschen, dass im Baujahr 1709 bereits klassizistisch an Renaissancemodelle angeknüpft wurde. Die dem Hl. Eustachius geweihte Kirche, die Werke von Tiepolo besitzt, dient heute u. a. als Konzerthalle (Mo 13.45–16, Di–Sa bis 16.30 Uhr, Choruskirche › **S. 153**).

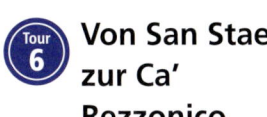

Von San Stae zur Ca' Rezzonico

Verlauf: Fondaco dei Turchi › **Scuola Grande di San Giovanni Evangelista** › **Santa Maria Gloriosa dei Frari** › **Scuola Grande di San Rocco** › **San Tomà** › **Casa Goldoni** › **Ca' Rezzonico**

Karte: Seite 72
Dauer: Gehzeit 2–3 Std.
Praktische Hinweise:
• Der Rundgang beginnt an der Vaporetto-Station San Stae und endet an der Ca' Rezzonico.
• Er ist besonders geeignet für alle, die sich für Kirchen interessieren. Achtung: Manche Kirchen sind sonntags geschlossen.

Tour-Start:

Der Weg führt über den verträumten Campo San Giacomo dall'Orio zur Frari-Kirche, weiter zur Scuola Grande di San Rocco mit den Tintoretto-Wundern, zur Ca' Foscari und ins Univiertel bis zur Ca' Rezzonico.

Fondaco dei Turchi

Der Bau (**6** › **S. 64**) geht aufs 13. Jh. zurück und beherbergte zunächst die Herzöge von Ferrara, deren Prunkentfaltung sprichwörtlich war – die Republik »lieh« sich den Palast für Staatsakte. Ab 1641 von türkischen Händlern als Warenlager genutzt, beherbergt er seit 1923 das **Museo di Storia Naturale** (Museum für Naturgeschichte) mit Funden aus der Lagune, einem Aquarium sowie Exponaten der regionalen Fauna und Flora (Juni–Okt. Di–So 10–18, Nov. bis Mai Di–Fr 9–17, Sa, So 10 bis 18 Uhr, http://msn.visitmuve.it, 8 €).

Der Ziegelbau (15. Jh.) daneben mit dem Markuslöwen an der Wand enthielt die Kornspeicher.

San Giacomo dall'Orio

Vorbei an der kleinen Kirche **Zan Degolà** 67 [C3] gelangt man zum baumumstandenen **Campo San Giacomo dall'Orio**. Der Platz wird dominiert von **San Giacomo dall'Orio** 68 [C3], einem Komplex aus Kirche und Häusern, der bis auf das 9. Jh. zurückgeht und den ein archaischer Hauch umweht. Zum Haupteingang muss man um den gewaltigen Campanile (12./13. Jh.) mit ungewöhnlichen Arkaden im Glockenstock herumgehen.

Wenn man sich unter die Vierung des Kirchenraums stellt und den Verlauf der **Holzdecken** aus dem 14. Jh. verfolgt, wird die kreuzförmige Anlage deutlicher. Im rechten Querschiff verdient eine dunkelgrüne ionische Säule aus der Antike Aufmerksamkeit. In der Vierung kann eine als frei stehender »Kelch« gestaltete **Kanzel** bewundert werden, die in der Eleganz ihrer farbigen Marmorintarsien eine Renaissancerarität darstellt. Der Altarraum entspricht nur formal der ursprünglichen Anlage. Die Gestaltung stammt aus dem 16. Jh. Das imposante Kruzifix (Anfang 14. Jh.) kam erst 1960 hierher. Links vom Ausgang im rechten Querarm geht es in die **Sagrestia Nuova** (Neue Sakristei), deren Decke Paolo Veronese nach 1570 mit Fresken geschmückt hat.

Kehrt man in den Hauptraum zurück, folgt der 1604 fertiggestellte Anbau der **Cappella del Sacramento**. Ebenfalls angebaut in den Jahren 1621 bis 1624 wurde die Kapelle links vom Altarraum, die der Schmerzensmutter geweiht ist. Die durch strenge Linienführung beeindruckende Verkündigungsmadonna (14. Jh.) hat man erst 1972 aufgestellt. Das Kircheninnere birgt einen immensen Schatz an Kunstwerken aus verschiedenen Jahrhunderten (Mo 10.30–16, Di–Sa bis 16.30 Uhr, Choruskirche › **S. 153**).

Zwischenstopp: Restaurant
Ae Oche 6 € [C3]
Nur wenige Schritte vom Campo San Giacomo dall'Orio entfernt, bietet die beliebte Pizzeria eine gute Auswahl zu adäquaten Preisen.
• Santa Croce 1552/A
Tel. 04 15 24 11 61
www.aeochesangiacomo.it

Zur Scuola Grande di San Giovanni Evangelista 69 ⭐ [C3]

In der Mitte der Häuserfront gegenüber der Kirche verlässt die Calle del Tentor den Platz. Kurz vor dem Ponte del Parrucchetta lohnt sich der Abstecher nach links für einen Blick auf den **Campo San Boldo**: Hier wurde ein abgebrochener Campanile in ein Wohnhaus integriert. Nach dem Passieren der Brücke führt der Rio Terrà Primo rechts zur Calle della Chiesa, die nach rechts über eine Brücke in die Calle di Ca' Donà

Eingang der Scuola Grande di San Giovanni Evangelista

übergeht; sie mündet in den **Campo Santo Stin.**

Mit ein paar Schritten ist die **Scuola Grande di San Giovanni Evangelista** in der Calle de la Laca erreicht. Die Schule › **S. 55**, die auf das Jahr 1261 zurückgeht, birgt Meisterwerke von Tiepolo und Tintoretto – darunter ein Selbstbildnis des Künstlers. Leider ist sie nur im Rahmen von Veranstaltungen zu besichtigen. Den Vorhof machte Pietro Lombardo 1481 zu einem **!** Schatzkästlein aus Marmor: Korinthische Halbsäulen und fein ziselierte Dekorationen am Fries gliedern den Hof, dessen Zentrum das Portal mit dem Adler des Evangelisten Johannes bildet. Im Sommer ist dies ein beliebter Ort für Künstler, die hier mit ihren Staffeleien sitzen und die eindrucksvolle Fassade auf Papier bannen.

Die Calle del Caffetier und del Magazzen führen zum Rio Terrà San Tomà, der Rückseite des Staatsarchivs. Über zwei Brücken gelangt man zum **Campo dei Frari.**

Santa Maria Gloriosa dei Frari 70 6 [C4]

Die Kirche ist eines der wenigen gotischen Gotteshäuser › **S. 52** in Venedig. Der Bettelorden der Franziskaner kam 1222 nach Venedig, erhielt 1250 das Gelände und baute von 1340 an etwa ein Jahrhundert lang an der heutigen Kirche, deren Hauptaltar 1469 geweiht wurde. Fassade und bauliche Gestaltung des Innenraums entsprechen den Regeln des Bettelordens, der eine schlichte Funktionalität anstrebte: Ziegelsteine statt Marmor und Gold. Als Grabstätte bedeutender Familien wie der des Dogen Pesaro sammelte die Frari-Kirche jedoch im Lauf der Zeit auch Kunstwerke an, die weniger geglückt ausfielen.

Untrennbar mit der Frari-Kirche ist der Name des Malers Tizian (1488–1576) verbunden, der hier seine letzte Ruhe fand. Ein antiker Tempel samt Markuslöwen ziert sein Grab. Tizians **Assunta** ⭐ (Mariä Himmelfahrt) gehört zu den

Tizians »Assunta« in der Frari-Kirche

Madonnengesichter malte nur einer: Giovanni Bellini (1430–1516). Er war der Meister der Malerfamilie, die zusammen mit den Vivarini die venezianische Frührenaissance prägte. Die **Madonna mit Kind und musizierenden Putten** in der Frari-Sakristei besticht vor allem durch ihre raffinierte Komposition.

Die Kirche bildet nur einen Teil der Anlage; in den angeschlossenen zwei Kreuzgängen ist das **Archivio di Stato** (Staatsarchiv) untergebracht, wo die Dokumente der Republik bis zu ihrem Erlöschen 1797 lagern. Der imposante Campanile (nur der von San Marco ist höher) wurde 1396 vollendet (Mo–Sa 9–18, So 13–18 Uhr, Choruskirche › **S. 153**).

Scuola Grande di San Rocco 71 ⭐ [C4]

Die reich gegliederte Fassade der Scuola Grande di San Rocco spiegelt das Repräsentationsbedürfnis der Bruderschaft des hl. Rochus wider, die durch den Kult um den Pestheiligen in der ständig von Seuchengefahr bedrohten Stadt Venedig großes Ansehen erlangt hatte. Bartolomeo Bon (gest. 1529) aus Bergamo begann den Bau 1515; Scarpagnino setzte ihn ab 1527 fort.

Der Ruhm der Scuola beruht jedoch auf der prachtvollen Innenausstattung von Jacopo Tintoretto (1518–1594). Über 20 Jahre arbeitete der produktive Künstler an dem großartigen Bilderzyklus, der sein viel bewundertes Hauptwerk werden sollte. Mehr als 30 Leinwände stellen Szenen aus dem Marienleben, der Passionsgeschichte und

epochalen Werken der Malerei. Sie hängt im Hauptaltarraum und bildet den Blickfang des 102 m langen Kirschenschiffs. Vis-à-vis von Tizians Grab zieht das als Pyramide gestaltete Grab Antonio Canovas (1757–1822) alle Blicke auf sich. Die **Marmor-Chorschranken** stammen aus dem 15. Jh., wurden von Bartolomeo Bon spätgotisch begonnen und von Pietro Lombardo im Stil der Frührenaissance vollendet. Sie bilden die Umrahmung des **Chorgestühls,** dessen reiche Schnitzereien einen Blick verdienen. Ein weiteres Glanzstück findet man in der Sakristei, die man vom rechten Seitenarm aus erreicht: In ihrer Altarnische, der **Cappella Pesaro,** hängt ein Meisterwerk der Frührenaissance. Derart unschuldige und liebliche dem Alten Testament dar – geschildert in einem düsteren Grundton und in einer dramatischen Bewegtheit, in der sich die Wirren der damaligen Zeit spiegeln. Wer sich Tintorettos Deckengemälde näher vor Augen holen möchte, kann einen der in der Scuola bereitliegenden Spiegel nehmen.

Im **Untergeschoss,** dem traditionellen Empfangsraum der Schulen › S. 55, malte Tintoretto Szenen aus dem Neuen Testament, von links nach rechts folgen aufeinander Mariä Verkündigung, Anbetung der Hl. Drei Könige, Flucht nach Ägypten, Kindermord von Bethlehem, Maria Magdalena, Ägyptische Maria, Beschneidung, Mariä Himmelfahrt.

Das **Treppenhaus** (1544/46) von Scarpagnino, reich mit Gemälden versehen, die auf die Pestepidemien 1576 und 1630 anspielen, führt in den **Hauptsaal.** Der überwältigende Eindruck beruht auf der gegenläufigen Fußboden- und Deckengliederung: In der **Sala d'Albergo** widmete Tintoretto die Wandbilder der Passionsgeschichte, die Decke der Verherrlichung des hl. Rochus. Atemberaubend ist die **Kreuzigung** im Nebenraum, die die gesamte Wand einnimmt und zu den bedeutendsten Werken Tintorettos zählt.

Die Kirche **San Rocco** vis-à-vis, die mehrere großformatige Gemälde Tintorettos birgt, wurde Ende des 15. Jhs. erbaut, um die neu erworbenen Gebeine des hl. Rochus aufzunehmen. Die Rochus-Bruderschaft existiert heute noch. Und so wird, wie zur Zeit der Dogen, jedes

SEITENBLICK

Bàcaro – die Osteria als Lebensform

Ab 11 Uhr vormittags füllen sich die Lokale. Handwerker legen ein Päuschen ein, Studenten und Künstler beginnen den Tag, die Signora erholt sich vom Einkauf, und die alten Herren treffen sich auf einen Plausch. Dazu braucht man eine solide Grundlage, und die besteht in Venedig aus einer *ombra* (ital.: Schatten), einem Gläschen Wein, und einigen *cicchetti,* ein paar Häppchen. **50 Dinge** ② › **S. 12.** Die *ombra* unterbricht den venezianischen Alltag immer wieder für ein paar köstliche Minuten, die man im Bàcaro verbringt, in Weinschenken, die schon mit ihrem Namen dem Weingott Bacchus huldigen. Das mag ein wenig irreführen, denn schließlich finden hier keine ausschweifenden Bacchanale statt, vielmehr gibt man sich äußerst diszipliniert. Man trinkt gerade mal 0,1 l Wein, denn mehr ist eine *ombra* nicht, und isst dazu eine Kleinigkeit.

Der Ausdruck *andar per ombra* stammt noch aus dem Mittelalter, als fliegende Händler den Wein verkauften und sich im Schatten des Campanile auf dem Markusplatz aufhielten, wo der Wein kühl blieb. Gewissermaßen geht man auch heute noch »in den Schatten«, wenn man einen traditionellen Bàcaro aufsucht, denn anders als die touristischen Lokale liegen die Weinschenken der Venezianer nicht an den belebten Trampelpfaden zwischen Piazzale Roma und Piazza San Marco, sondern eher etwas abseits.

In der barocken Ca' Rezzonico

Jahr am 16. August der Rochustag gefeiert – jedoch nicht mehr mit einem Festbankett, sondern mit dem **San-Rocco-Festival**, bei dem Barockmusik den Ton angibt (Campo San Rocco, San Polo 3052, Scuola und Kirche tgl. 9.30–17.30 Uhr, letzter Einlass 17 Uhr, www.scuolagrande sanrocco.it, 10 € inkl. Audioguide).

Scuola dei Calegheri und San Tomà

Auf der Höhe des Campanile der Frari-Kirche führt die Calle Larga Prima zur Rückseite der **Scuola dei Calegheri (Calzolai)** 72 [C4] mit einer schlicht-zurückhaltenden Fassade aus dem 15. Jh. Man muss diese »Schule der Schuster« umrunden, um auf den Campo San Tomà zu gelangen.

Die klassizistische Kirche **San Tomà** 73 [C4] von 1742 rundet das Bild ab. An ihrer linken Flanke entlang kommt man über die Brücke San Tomà zur Casa Goldoni.

Casa Goldoni 74 [C4]

In dem gotischen Haus wurde 1707 der Komödiendichter Carlo Goldoni geboren. Es ist teils Institut, teils Museum, das mittels multimedialer Technik über Leben und Werk des größten venezianischen Bühnenautors informiert (San Polo 2794, tgl. außer Mi 10–17, Winter 10–16 Uhr, www.carlogoldoni.visitmuve.it, 5 €).

In der nahe Calle Seconda dei Saoneri fertigt und verkauft **Gilberto Penzo** › S. 39 detailgenaue Modelle von Gondeln und Schiffen der Serenissima **50 Dinge** ㉛ › S. 15.

Ca' Foscari und Ca' Rezzonico

Über den Rio della Frescada und den Rio Foscari gelangt man zum Innenhof der **Ca' Foscari** (18 › S. 66), einem spätgotischen Palast und Sitz der Universität. Die Straße öffnet sich dann auf einen pittoresken Platz, von dem die Calle Capeler abgeht, kommt am Rio di San Barnaba heraus und folgt links dem Ufer zur **Ca' Rezzonico** (19 › S. 66). Der Barockbau von Longhena beherbergt das **Museo del Settecento Veneziano** (Museum des 18. Jhs.), das einen Eindruck vom adligen Leben dieser Zeit gibt: Stuck, Marmor, Teppiche, erlesenes Mobiliar, wertvolle Fresken. Dazu eine Galerie mit Genrebildern Longhis und Guardis, eine alte Apotheke und ein kleines Theater (Dorsoduro 3136, tgl. außer Di 10–18, Nov.–März 10–17 Uhr, www. carezzonico.visitmuve.it, 10 €).

Den Brückenbogen des Ponte delle Guglie in Cannaregio zieren schaurige Fratzen

CANNAREGIO

Kleine Inspiration

- **Venezianischen Alltag** erlebt man bei einem Bummel entlang der Fondamenta della Misericordia › S. 109
- **Am stillen Campo dei Mori** erzählen die Statuen Turban tragender maurischer Kaufleute von der Zeit, als hier noch Waren aus dem Orient umgeschlagen wurden › S. 110
- **Im Paradiso Perduto,** dem »Verlorenen Paradies«, spielen am Abend immer mal wieder Live-Bands, tolle Atmosphäre garantiert › S. 111
- **Vom Campo Santa Maria Nuova** genießt man einen herrlichen Blick auf die Kirche Santa Maria dei Miracoli und die Gondeln, die hier lautlos durch die gewundenen Kanäle gleiten › S. 112

Das malerische Viertel mit einigen volkstümlichen Plätzen, abendlichen Treffs der Venezianer, birgt auch das ehemalige jüdische Ghetto. Die Ca' d'Oro am Canal Grande ist ein ganz besonderes Architekturjuwel.

Das Schilfrohr *(canna),* das am Rand der Lagune wuchs, gab diesem Stadtteil, der sich zur Lagune hin öffnet, seinen Namen. In Cannaregio hatten zahlreiche Händler ihren Wohnsitz, hier wurden an den breiten Kanälen Gewürze, Stoffe, Kaffeebohnen und viele andere Waren umgeschlagen, die zuvor auf dem Seeweg in die Stadt gelangt waren. Die Bindung an Byzanz begünstigte den Fernhandel; Venedig bot Fisch und Salz, importierte dafür begehrte Konsumgüter wie Gewürze und feine Stoffe.

Heute präsentiert sich das malerische, nördlich des Canal Grande gelegene Sestiere als äußerst facet-tenreich. Ruhige, bescheidene Wohnviertel kontrastieren mit prächtigen Palazzi am Canal Grande; ungewöhnlich breite Kanäle und fast schnurgerade Fondamente sorgen für gute Orientierung und entspanntes Bummeln. Hektische Betriebsamkeit herrschen dagegen im Bahnhofsviertel und auf der lebhaften Einkaufsmeile Strada Nova, Venedigs einziger wirklicher Straße. Mit der Madonna dell'Orto, der Gesuiti-Kirche und der Santa Maria dei Miracoli besitzt Cannaregio drei der sehenswertesten Sakralbauten der Stadt. Auf keinen Fall versäumen sollte man den Besuch des ehemaligen jüdischen Ghettos.

Die Marmorfassade von Santa Maria degli Scalzi

Touren in Cannaregio

Tour 7 Von Santa Lucia zum Ghetto

Verlauf: **Bahnhof Santa Lucia › Chiesa degli Scalzi › Campo San Geremia › Ghetto**

Karte: Seite 106
Dauer: 3 Std. inkl. Führung durch das Ghetto
Praktische Hinweise:
- Ausgangspunkt ist die Vaporetto-Station Ferrovia.
- Vom Ghetto aus ist Ponte delle Guglie der nächste Anleger.

Tour-Start: Santa Maria degli Scalzi 1 [B3]

Auf der Bahnhofsseite steht kurz vor der Scalzi-Brücke die auch unter dem Namen Santa Maria di Nazareth bekannte Kirche mit wuchtigen Säulenpaaren in zwei Geschossen und üppigem Figurenschmuck an der Fassade. Das im Ersten Weltkrieg fast vollständig zerstörte Gotteshaus birgt das Grab von Ludovico Manin, des letzten Dogen von Venedig. Giuseppe Sardi entwarf die Kirche (Bauzeit 1654–1705), den Innenraum gestaltete Baldassare Longhena. Im Krieg wurde auch die von Tiepolo ausgemalte Decke zerstört (Entwurf in der Accademia). Die üppige Ausstattung enthält in der zweiten Kapelle rechts sowie in der ersten Kapelle links noch Fresken von Tiepolo (tgl. 7.30–11.50, 16–18.50 Uhr).

Die Ponte degli Scalzi über den Canal Grande gibt es erst seit 1858, als Venedig an das Bahnnetz angeschlossen wurde. 1934 ersetzte man die ursprüngliche Eisenkonstruktion durch die heutige Steinbrücke.

Campo San Geremia 2 [C2/3]

Gegenüber der Anlegestelle Riva di Biasio steht die Kirche **San Geremia** mit den Reliquien der Hl. Lucia aus Syrakus. Da die Kirche an der Mündung des Cannaregio-Kanals in den Canal Grande liegt, erhielt sie auf beiden Seiten eine Fassade.

Gleich daneben präsentiert sich der pompöse **Palazzo Labia** 3 [C2] in monumentalem Klassizismus.

Ponte delle Guglie [C2]

Vier Obelisken schmücken die 1580 erbaute und häufig fotografierte Brücke mit ihren fratzenhaften Gesichtern › **Abb. S. 103** am Ende der lebhaften Einkaufsstraße. Wer sie überquert, gelangt rasch zum ehemaligen jüdischen Ghetto.

Ponte Tre Archi

Alternativ kann man am linken Ufer zur Kirche **San Giobbe** 4 [B2] spazieren, die ein um 1470 von Pietro Lombardo geschaffenes Portal besitzt (zzt. wegen Restaurierung geschl., Choruskirche › **S. 153**). Schlendert man weiter, gelangt man am Ende der Fondamenta zum ehemaligen Schlachthaus **Ex-Macello** 5, erkennbar an steinernen Tierschädeln an der Fassade. Hier landete das Schlachtvieh vom Festland an. Auf dem gleichen Weg geht es dann zurück bis zur dreibogigen Brücke **Ponte Tre Archi**, auf der man den Canale di Cannaregio überquert. Auf der anderen Uferseite läuft man am Kanal entlang, vorbei an der ehemaligen französischen Botschaft, in der J. J. Rousseau einst als Sekretär arbeitete, bis Wegweiser den Durchgang ins Ghetto kennzeichnen.

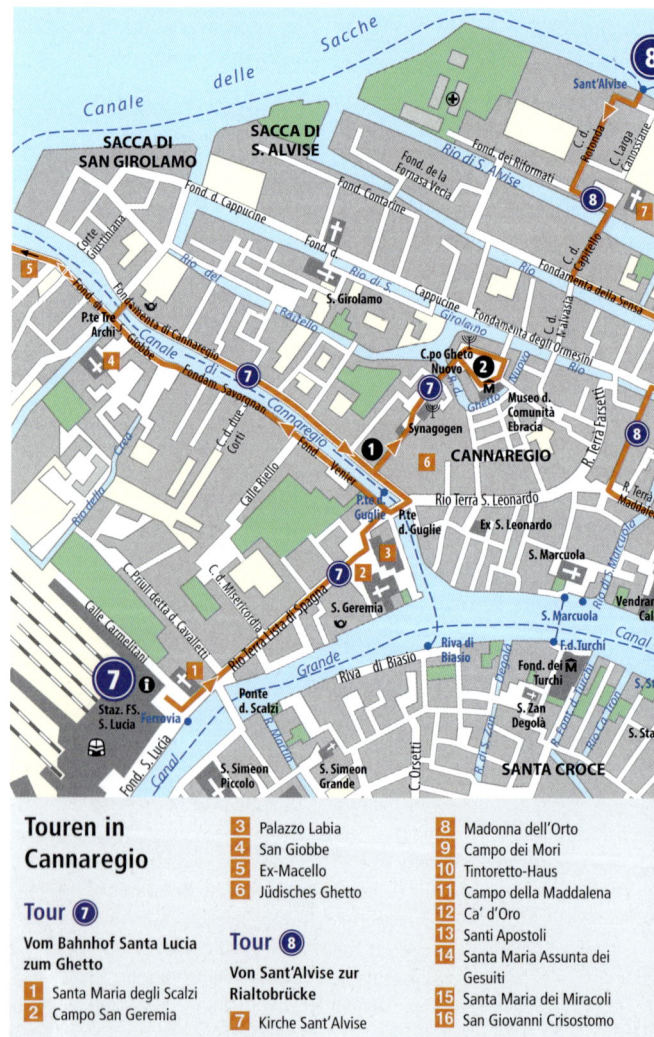

Touren in Cannaregio

Tour ⑦

Vom Bahnhof Santa Lucia zum Ghetto

1 Santa Maria degli Scalzi
2 Campo San Geremia

3 Palazzo Labia
4 San Giobbe
5 Ex-Macello
6 Jüdisches Ghetto

Tour ⑧

Von Sant'Alvise zur Rialtobrücke

7 Kirche Sant'Alvise

8 Madonna dell'Orto
9 Campo dei Mori
10 Tintoretto-Haus
11 Campo della Maddalena
12 Ca' d'Oro
13 Santi Apostoli
14 Santa Maria Assunta dei Gesuiti
15 Santa Maria dei Miracoli
16 San Giovanni Crisostomo

Jüdisches Ghetto 6 ⭐ [C2]

1516 wies die Republik den angesehenen und im Wirtschaftsleben unentbehrlichen Juden den Bezirk der ehemaligen Eisengießerei zu, der seine Bezeichnung *gheto* (venezianisch: »Gießerei«) behielt. Von hier aus breitete sich die Bezeichnung Ghetto für den Zwangswohnbezirk von Juden in ganz Europa aus. Auf knappem Raum entstanden Syna-

Im Ghetto Nuovo lebt heute wieder eine kleine jüdische Gemeinde

gogen, Schulen und achtstöckige Wohnhäuser; die Enge, in der die damals zunächst rund 700 Juden lebten, spürt man noch heute.

Geschichte

Auch die venezianischen Juden wurden im Mittelalter diskriminiert. Der Handel zur See war ihnen untersagt, ebenso wie der Erwerb von Grundbesitz. Nach dem verlorenen Krieg Venedigs gegen die Liga von Cambrai gab man den Juden, die Venedig mit Kriegskrediten unterstützt hatten, die Schuld. Einem Senatsbeschluss vom 29. März 1516 folgend, wurden alle Juden in ein isoliertes Stadtgebiet umgesiedelt, das nur zwei streng bewachte Zugänge besaß. Erst Napoleon öffnete das Ghetto, in dem mittlerweile rund 5000 Menschen lebten. Eine kurze Phase der Freiheit folgte. 1944 deportierten die Nazis rund 200 Juden in die Vernichtungslager.

Heute leben noch etwa 500 Juden in Venedig, darunter auch einige Orthodoxe, die im ehemaligen *Ghetto Ebraico* Restaurants und Geschäfte betreiben.

Ghetto Vecchio

Durch das ehemalige **Ghettotor** betritt man das Alte Ghetto, wo früher drei der insgesamt fünf Synagogen Venedigs standen. In die Wohnbebauung integriert, sind sie von außen kaum als Gotteshäuser zu erkennen.

Am Campiello delle Scuola befinden sich zwei Synagogen, die im Rahmen von Führungen besichtigt werden können: die **Scuola Spagnola** und die **Scuola Luzzatta**. Genutzt wurden sie von sephardischen Juden. Die **Scuola Levantina** besitzt eine reich geschnitzte Kanzel, ein Werk Andrea Brustolons. Ihre gedrehten Säulen sollen an den Tempel Salomons erinnern.

Ghetto Nuovo

Über den Ponte di Ghetto Vecchio erreicht man das von Polizei streng bewachte Neue Ghetto mit dem Campo di Ghetto Nuovo. Hier steht das **Holocaust-Mahnmal** »Der Abtransport« des litauischen Bildhauers Arbit Blatas (1908–1999). Linker Hand erinnert eine Gedenkstätte an die Deportation der 200 Juden im Jahr 1944. Vorbei an der **Scuola Italiana**, die man im Rahmen von Führungen besichtigen kann, und der **Scuola del Canton,** der Synagoge der Aschkenasim, gelangt man zur **Scuola Grande Tedesca,** einem der ältesten erhaltenen jüdischen Gotteshäuser. Von deutschstämmigen Juden erbaut, erfuhr sie im 18. Jh. eine erhebliche Umgestaltung.

Hier befindet sich auch das winzige **Museo Ebraico,** das Jüdische Museum. In zwei Räumen ist die Geschichte der venezianischen Juden dokumentiert; ausgestellt sind wertvolle Kultgegenstände (tgl. außer Sa und an jüdischen Feiertagen 10–19, im Winter bis 17.30 Uhr, www.museoebraico.it, 8 €). Von hier starten auch 40-minütige Führungen (stdl., auch in Englisch) in die äußerlich unscheinbaren, im Inneren jedoch prächtigen Synagogen und durch das Ghetto.

Zwischenstopp: Restaurants

Koschere Küche bekommt man u. a. im **Gam Gam** ❶ am Ghettotor (Cannaregio 1122). Auf dem Campo di Ghetto Nuovo bietet die **Locanda del Ghetto** ❷ jüdische Gerichte an (Cannaregio 2892–93), und in den kleinen Bäckereien findet man traditionelle Süßwaren.

Von Sant'Alvise zur Rialtobrücke

Verlauf: Sant'Alvise › Madonna dell'Orto › Ca' d'Oro › Santa Maria dei Miracoli › San Giovanni Crisostomo › Rialtobrücke

Karte: Seite 106
Dauer: reine Gehzeit 2–3 Std.
Praktische Hinweise:
• Ausgangspunkt ist die Vaporetto-Station Sant'Alvise, der Endpunkt der Tour ist Rialto.
• Wer nach Murano, San Michele oder Burano fahren möchte, kann die Tour unterbrechen und von den Fondamente Nuove übersetzen › S. 141, 144.

Tour-Start:

Dieser Weg führt überwiegend durch das stille Cannaregio. Vor allem der Bummel entlang der Fondamenta della Misericordia, vorbei an kleinen Geschäften und winzigen Bàcari, gewährt Einblicke in das Alltagsleben der Venezianer.

Sant'Alvise ❼ [C2]

In der Chiesa di Sant'Alvise kann man gleich mehrere Werke von Tiepolo bewundern: die »Geißelung« sowie die »Dornenkrönung« und »Christus auf dem Weg zum Kalvarienberg«. Die Kirche ist im 14. Jh. erbaut und nach dem Bischof Ludwig (venezianisch: Alvise) von Toulouse benannt worden (Mo 10.30–16, Di–Sa bis 16.30 Uhr, Choruskirche › S. 153).

Einer der Mauren am Tintoretto-Haus

Madonna dell'Orto 8 ★ [D2]

Sie wird auch Tintoretto-Kirche genannt, denn der berühmte Maler Jacopo Tintoretto (1518–1594), der hier ganz in der Nähe lebte und in der Kirche seine letzte Ruhestätte fand, schenkte ihr einige seiner beeindruckendsten Werke. Ihren offiziellen Namen verdankt die Kirche einem in einem *orto* (Garten) gefundenen Marienbild.

Die **Backsteinfassade** aus dem Jahr 1462 ist ein Musterbeispiel der venezianischen Spätgotik. Im Mittelteil kündigen sich schon die Rundungen der Renaissance an.

Im **Inneren** faszinieren die Hauptwerke Tintorettos: »Jüngstes Gericht« (rechts) und »Anbetung des Goldenen Kalbs« (links) im Altarraum (beide 1546); in der vierten Kapelle des linken Seitenschiffs die »Erweckung des Licinius« (1579), am Eingang der Mauruskapelle des rechten Seitenschiffs »Marias Tempelgang« (1552) – die beiden letzten sind Meisterwerke. Angeschlossen ist ein kleines Kirchenmuseum (Mo–Sa 10–17, So, Fei 12–17 Uhr, außer zu den Gottesdienstzeiten, www.madonnadellorto.org).

Campo dei Mori 9 [D2]

Kaum noch etwas erinnert an diesem stillen Platz daran, dass hier im Mittelalter Gewürze und andere Waren aus dem Orient und anderen fernen Ländern umgeschlagen wurden – nur die »Mori« mit ihren Turbanen. Die Venezianer nannten alles, was für sie ausländisch war, *moro* (Maure). Am Campo dei Mori sind im rechten Eckhaus drei Mori-Statuen an der Außenwand eingelassen. Sie stammen aus dem 13. oder 14. Jh. und stellen die Kaufleute Rioba, Sandi und Mastelli dar.

Tintoretto-Haus 10 [D2]

Nur ein paar Meter weiter stößt man auf die *Casa di Tintoretto*. Hier lebte der Maler bis zu seinem Tod 1594. Neben dem Eingang entdeckt man eine weitere Maurenfigur, sie hält einen Turban in der Hand.

Campo della Maddalena **11** [D2]

Blickfang ist die Rundkirche aus dem 18. Jh.; rechter Hand eröffnet sich ein malerisches Panorama aus Dächern und Kaminen. Nach der Brücke beginnt die Strada Nova, eine sehr belebte Ladenstraße.

Ca' d'Oro **12** ★ **9** [D3]

Der Palast entstand zwischen 1422 und 1440; den Namen »Goldenes Haus« verdankt er der einst vergoldeten Fassade. Das erste Loggiageschoss zitiert die Außenfassade des Dogenpalasts. So vollkommen der Palast wirkt, er blieb unvollendet; die linke Ergänzung zum rechten Seitenflügel wurde nicht gebaut.

Heute ist in der Ca' d'Oro ein sehenswertes Kunstmuseum untergebracht: die **Galleria Franchetti**. Baron Franchetti, der letzte Besitzer des Palazzo, hatte wertvolle Gemälde, Gobelins und Plastiken aller Epochen zusammengetragen. Das Innere vermittelt ein anschauliches Bild von der Wohnkultur eines Patriziers im 15. Jh. Den Innenhof, in dem das außen angebaute Treppenhaus erhalten ist, zieren viele Kunstwerke, darunter der Marmorbrun-

nen vom Baumeister der Ca' d'Oro, Bartolomeo Bon.

Im **Atrium** des ersten Stocks fängt die festliche Farbigkeit des Flügelaltarbilds von Antonio Vivarini den Blick. An der Rückwand hängt das eindrucksvolle Relief »Passion der hl. Katharina«, eine englische Arbeit, im letzten Raum rechts ist Mantegnas weltberühmter »Hl. Sebastian« (um 1500) zu bewundern. Die Freskenfragmente Tizians und Giorgiones vom Fondaco dei Tedeschi sowie die Pordenones vom Kloster Santo Stefano hängen in der Halle des zweiten Stocks. Beachtung verdient auch die geschnitzte **Treppe** in den linken Seitenräumen (Cannaregio 3932, Mo 8.15–14, Di–So 8.15–19.15 Uhr, www.cadoro.org, 8,50 €, 1. So im Monat Eintritt frei).

Santi Apostoli **13** [D3]

In der Kirche Santi Apostoli mit ihrem auffallenden Campanile lag zeitweise Caterina Cornaro, Königin von Zypern, begraben, bevor ihre sterblichen Überreste nach San Salvatore › **S. 88** umgebettet wurden. Der Altar trägt mit der »Comunione di Santa Lucia« ein Hauptwerk Tiepolos (18. Jh.).

› S. 88

SEITENBLICK

Paradiso Perduto – Musik und Nudeln hausgemacht

Obwohl es nicht mehr das ist, was es einmal war, steht das »Verlorene Paradies« noch immer auf Platz eins für Studentenfeten – mit improvisierten Musikevents. Jeder darf auf dem Podium mal auftreten (nach Voranmeldung), es ertönen v. a. Jazz- und Blues-Klänge. Da es im friedvollen Cannaregio aber ständig Probleme mit Musikkonzessionen gibt, hat das Lokal hausgemachte Spezialitäten zu seiner Existenzgrundlage gemacht, die von guten Weinen begleitet werden › **S. 42**.

› S. 42

• Cannaregio | Fondamenta della Misericordia 2540 | Tel. 041 72 05 81

Zwischenstopp: Restaurant

Al Vagon ❸ €€ [D3]

Lauschig ist das Ambiente im *sotoporte-go* am beschaulichen Rio Santi Apostoli, wo man Spezialitäten wie *seppie alla veneziana* (Tintenfisch mit Polenta) und andere typisch venezianische Fisch- und Fleischgerichte genießt sowie internationale und italienische Küche. Von der Ca' d'Oro über die Strada Nova zu erreichen. Di geschl.

• Cannaregio 5597
  Tel. 04 15 23 75 58

Santa Maria Assunta dei Gesuiti 14 ⭐ [E2]

Ein Abstecher führt Richtung Fondamenta Nuove (Boote nach San Michele, Murano, Burano), denn die von 1715 bis 1729 erbaute Jesuitenkirche mit ihrer barocken Fassade lohnt den Umweg. Nicht nur das ❗ vergoldete Deckengewölbe und die aus grün-weißem Marmor gestalteten Wände beeindrucken, sondern auch Tizians Gemälde »Martyrium des heiligen Laurentius« links in der Seitenkapelle (tgl. 10–12, 15.30–17.30 Uhr).

Santa Maria dei Miracoli 15 ⭐ [E3]

Versteckt zwischen schmalen Kanälen liegt dieses Renaissancejuwel im lombardischen Stil, von der Baumeisterfamilie Lombardo 1481 bis 1489 errichtet. Als Pietro Lombardo den Auftrag erhielt, an dieser Stelle eine Kirche für ein wundertätiges Madonnenbild zu errichten, hatte er nur wenig Raum zur Verfügung. Entstanden ist jedoch eines der schönsten sakralen Bauwerke Vene-

digs – noch dazu in »Insellage«. Wo sonst kann man in Venedig ganz um eine Kirche herumgehen? Besonders kunstvoll ist der erhöht liegende **Altarraum** gestaltet: feinste Marmorintarsien am Triumphbogen, Figurenreliefs an den Pfeilersockeln und ein Kreuz im lombardischen Stil aus farbigem Marmor als Blickfang. Der wertvolle Stein stammt vermutlich aus Konstantinopel und wurde von Kreuzfahrern nach Venedig gebracht (Mo 10.30–16, Di–Sa bis 16.30 Uhr, Choruskirche › **S. 153**).

San Giovanni Crisostomo 16 [D3]

Die Salizzada San Giovanni Crisostomo führt zur gleichnamigen Renaissancekirche (1497–1504), dem letzten Sakralbau von Mauro Codussi in Venedig. Das Gotteshaus wurde an der Stelle eines Vorgängerbaus aus dem 9. Jh. errichtet, die einer Feuersbrunst zum Opfer gefallen war, welche auch das Wohnhaus Marco Polos zerstört hatte. Das Hauptaltarbild von Sebastiano del Piombo (1509–1511) zeigt San Giovanni Crisostomo; am ersten Seitenaltar rechts prangt Giovanni Bellinis Alterswerk »Santi Girolamo, Cristoforo e Agostino« (1513).

Rechts der Kirche beginnt eine Kette ineinander übergehender Höfe, der sogenannte **Corte Milion**; hier lagen die Häuser von Marco Polo › **S. 122**. Von hier erreicht man rasch das Teatro Malibran › **S. 41** und die Rialtobrücke.

Wirkungsstätte Vivaldis: die Kirche Santa Maria della Pietà an der Riva degli Schiavoni

CASTELLO

Kleine Inspiration

- **Beim Bummel entlang der Riva degli Schiavoni** am späten Nachmittag gelingen die besten Fotos vom San Marco-Becken › S. 115
- **Stimmungsvolle Vivaldi-Konzerte** finden in der Kirche Santa Maria della Pietà statt, an der der große venezianische Komponist einst wirkte › S. 116
- **Der Campo Santi Giovanni e Paolo** mit der Fassade der Scuola Grande di San Marco und dem Reiterstandbild Colleonis ist einer der schönsten Plätze Venedigs › S. 119
- **Die Giardini Pubblici** sind im Hochsommer eine wohltuend schattige Oase und der ideale Ort für eine Ruhepause › S. 126

Der Osten Venedigs, traditionell ein Arbeiterviertel ohne Pomp und Prunk, ist geprägt vom Arsenale, der ehemaligen Schiffswerft der Serenissima. In den Giardini Pubblici findet alle zwei Jahre die Biennale statt.

Castello, Venedigs größtes Sestiere, erstreckt sich von San Marco nach Osten und grenzt im Norden an Cannaregio. Je weiter man sich vom pulsierenden Markusviertel entfernt, von der Riva degli Schiavoni mit ihren prunkvollen Palazzi, desto beschaulicher und stiller wird es. Castello wird im Osten dominiert vom Arsenale, der riesigen historischen Schiffswerft, in der die Kriegs- und Handelsschiffe der Serenissima gebaut wurden (heute militärisches Sperrgebiet, nur zur Biennale finden hier Veranstaltungen statt).

Wer durch die stillen Gassen schlendert, ist mittendrin im venezianischen Alltag. Brücken verbinden den stellenweise ein wenig morbide wirkenden östlichsten Teil von Castello mit den kleinen Inseln San Pietro und Sant'Elena. Eine grüne Oase mit Springbrunnen, Spielplätzen und lauschigen Parkbänken bilden die Giardini Pubblici mit den Länderpavillons der Biennale. Nur alle zwei Jahre, während der Kunstbiennale, stehen sie im Zentrum des öffentlichen Interesses.

Castellos kulturelle Highlights liegen alle im Westen: die Scuola Dalmata di San Giorgio degli Schiavoni, die Kirche Santi Giovanni e Paolo sowie die benachbarte Scuola Grande di San Marco,. Nicht versäumen sollte man auch den Besuch der Pinacoteca Querini-Stampalia am netten Campo Santa Maria Formosa und natürlich die Santa Maria della Pietà an der Riva degli Schiavoni, die eng mit dem Namen Antonio Vivaldi › **S. 117** verknüpft ist.

Die Scuola Grande di San Marco am Campo Santi Giovanni e Paolo

Touren in Castello

Von der Riva degli Schiavoni zum Arsenale

Verlauf: San Zaccaria › Santa Maria della Pietà › San Giorgio dei Greci › Palazzo Querini-Stampalia › Santa Maria Formosa › Santi Giovanni e Paolo › Scuola Dalmata di San Giorgio degli Schiavoni › Arsenale

Karte: Seite 118
Dauer: Gehzeit 3 Std.
Praktische Hinweise:

- Startpunkt der Tour ist die Vaporetto-Station San Zaccaria, Endpunkt der Anleger Arsenale.
- Das Arsenale kann man nur im Rahmen der Biennale bei bestimmten Veranstaltungen besichtigen.

Tour-Start:

Von San Marco aus führt dieser Spaziergang durch den westlichen Teil des Castello-Viertels – benannt nach der befestigten Dogenburg, dem Vorgängerbau des Dogenpalasts – bis zum Arsenale.

Riva degli Schiavoni

Im Namen der Uferpromenade klingen Venedigs einstige enge Bindungen an die dalmatinische Küste nach, deren Bewohner man verallgemeinernd Slawen nannte: *Riva degli Schiavoni* heißt »Ufer der Dalmatiner«. Das erste Gebäude an der Uferstraße sind die ehemaligen **Prigioni** (Gefängnisse), die ab 1589 errichtet wurden und zum Rundgang im Dogenpalast › **S. 78** gehören. Einer der berühmtesten Insassen dieses gefürchteten Gefängnisses war Casanova › **S. 86**. Hinter der Brücke steht ein dieser repräsentativen Lage angemessener Bau: der **Palazzo Dandolo**, ein Musterbeispiel der Spätgotik (15. Jh.), seit 1822 Hotel Danieli › **S. 31**.

San Zaccaria **1** [E4]

Nach der Brücke führt die zweite Abzweigung, ein niedriger Durchgang, zum stillen **Campo San Zaccaria**. Die gleichnamige Kirche mit dem ehemaligen Konvent ist ein gewaltiger Komplex. Die Benediktinernonnen, darunter viele Töchter von Adel, die man zur »Besserung« in dieses Kloster gesteckt hatte, waren wegen ihres ausschweifenden Lebenswandels stadtbekannt, aber die hohe Geistlichkeit drückte beide Augen zu.

Wie so viele Gotteshäuser Venedigs wurde San Zaccaria im 17. und 18. Jh. mit Gemälden geradezu tapeziert. Aus der Überfülle der Ausstattung verdient am zweiten linken Seitenaltar die »Thronende Madonna mit Kind« › **Abb. S. 54** von Giovanni Bellini (1505) besondere Beachtung. In der Athanasiuskapelle (Zugang am Chor rechts) hängt am Altar von Vittoria ein Gemälde des jungen Tintoretto: »Die Geburt Johannes des Täufers«.

Wie ein japanischer Zen-Garten gestaltet: der Innenhof des Palazzo Querini-Stampalia

Die angrenzende **Tarasiuskapelle** war die Apsis der alten Kirche, aus der Fresken- und Fußbodenfragmente sowie drei wundervolle gotische Altäre erhalten sind (Mo–Sa 10–12, 16–18, So 16–18 Uhr).

Santa Maria della Pietà 2 [E4]

Das schlicht aussehende Kirchlein besticht durch innenarchitektonische Harmonie. An der Ausstattung des originellen elliptischen **Innenraums** haben die beiden großen venezianischen Maler des 18. Jhs. mitgewirkt: Giovanni Battista Tiepolo malte die Decke, Giovanni Battista Piazzetta schuf den Hauptaltar (von Schülern nach seinem Tod 1754 vollendet), an dessen Decke wiederum Tiepolo die »Vier Kardinaltugenden« darstellte. Die Kirche gehörte zu einem Waisenhaus samt Mädchenkonservatorium, an dem Antonio Vivaldi von 1703 bis 1741 als Lehrer und Chorleiter beschäftigt war. Viele seiner Kompositionen entstanden hier. Heute finden in der Kirche regelmäßig stimmungsvolle Vivaldi-Konzerte statt (Programm unter www.pietavenezia.org).

San Giorgio dei Greci 3 [E4]

Nur noch wenige Mitglieder hat die griechisch-orthodoxe Gemeinde in Venedig, deren geistliches Zentrum die Kirche San Giorgio darstellt. Sie liegt im ehemaligen Griechenviertel, das vom 11. Jh. an Wohnsitz zahlreicher Hellenen war, die nach dem Ende des byzantinischen Reiches nach Venedig strömten. Sie besaßen eine Scuola, einen Friedhof und bildeten neben der jüdischen die größte nichtkatholische Bevölkerungsgruppe Venedigs. Auffällig an der San-Giorgio-Kirche ist der schiefe Turm. Man sollte im Sommer auf jeden Fall einen Moment im stillen, blumengeschmückten Kirchhof verweilen, bevor es wieder zurückgeht in die trubeligen Gassen – Bänke sind vorhanden.

Museo dell'Istituto Ellenico **4** [E4]

Direkt am Ponte dei Greci befindet sich neben der San-Giorgio-Kirche eines der bedeutendsten Ikonenmuseen Europas mit rund 150 wertvollen Ikonen, die meisten im nachbyzantinischen Stil (Castello 3412, Ponte dei Greci, tgl. 9–16.30 Uhr, www.istitutoellenico.org/museo).

Zwischenstopp: Restaurant

Al Giardinetto ❶ €€ [E4]
Wer anschließend Hunger verspürt, sollte sich einen Besuch im berühmten Al Giardinetto gönnen. Seit mehr als 100 Jahren gibt es dieses beliebte Restaurant, in das die Gondolieri gern einkehren. Es ist bekannt für Fischspeziali-

täten und traditionelle venezianische Küche wie Kalbsleber mit gebratenen Zwiebeln. Im Winter sitzt man am lodernden Kaminfeuer, bei schönem Wetter im lauschigen Innenhof unter Weinreben. Do geschl.
• Castello 4928 | Ruga Giuffa
  Tel. 04 15 28 53 32
  www.algiardinetto.it

Palazzo Querini-Stampalia **5** [E4]

Im Erdgeschoss des Baus aus dem 16. Jh. mit bunten Marmorscheiben wird im Rahmen von Wechselausstellungen Kunst von der Antike bis in die Gegenwart gezeigt, im zweiten Stock befindet sich eine Gemäldesammlung (14.–18. Jh.) mit Werken von Bellini, Palma il Giovane, Palma il Vecchio, Pietro Longhi, Tiepolo u. a. Zur Sammlung gehört auch eine Kuriosität von 67 Genrebildern: »Scene di vita pubblica veneziana« (Szenen des öffentlichen Lebens in Venedig) von Gabriele

Antonio Vivaldi – »Il Prete Rosso«

Vom Vater soll der kränkliche Knabe die musikalische Begabung geerbt haben. 1678 wurde Antonio Lucio Vivaldi während eines Erdbebens in Venedig als Sohn eines Violinisten geboren. Er war 25 Jahre alt, als er nach eingehendem Theologiestudium die Priesterweihe erhielt und zunächst als Kaplan an der Kirche Santa Maria della Pietà wirkte, an die ein Waisenhaus für Mädchen angeschlossen war. Nachdem Vivaldi aus angeblich gesundheitlichen Gründen sein Priesteramt niedergelegt hatte, widmetet sich »Il Prete Rosso« (der rothaarige Priester), wie er aufgrund seiner Haarfarbe genannt wurde, ganz seiner Leidenschaft: der Musik. Er wurde musikalischer Leiter am Ospedale della Pietà, komponierte Sonaten und Opern und war bald in ganz Europa berühmt. »Le Quattro Stagioni« (»Die vier Jahreszeiten«) ist eines seiner bekanntesten Werke. Im Jahr 1741 starb Vivaldi in Wien, seine Musik jedoch ist bis heute allgegenwärtig. Überall in Venedig finden Vivaldi-Konzerte statt, so auch in der Kirche Santa Maria della Pietà › **S. 116.**

Bella, entstanden Mitte des 18. Jhs., darunter finden sich Hafen-, Fest- und Theaterszenen. Konzerte und andere Kulturveranstaltungen runden das Angebot ab (Castello 5252, tgl. außer Mo 10–18 Uhr, www. querinistampalia.org, 10 €).

Auf dem Weg zu Santa Maria Formosa lohnt der Abstecher von der Ruga Giuffa zum **Palazzo Grimani** aus dem 16. Jh. Einst befand sich hier die Antikensammlung der Stadt. Nach der 20 Jahre andauernden Restaurierung und Umgestaltung des Ausstellungsbereichs ist der Renaissance-Palast mit seinen prächtigen Räumen nun wieder zu besichtigen (Castello 4858, Di–So 8.15–19.15, So 14–19, Einlass bis 18.30 Uhr, www.palazzo grimani.org, 5 €).

Santa Maria Formosa 6 [E4]

Die Kirche geht auf das 7. Jh. zurück; der Legende zufolge erschien dem hl. Magnus im Jahre 639 die Gottesmutter, und zwar als wohlgestalte *(formosa)* Matrone. Sie befahl ihm, dort ein Gotteshaus zu errichten, wo er eine weiße Wolke über einer Insel schweben sehe. In der heutigen Gestalt entstand die Kirche ab 1492 (Mo 10.30–16, Di–Sa bis 16.30 Uhr, Choruskirche › **S. 153**).

Touren in Castello

Tour 9

Von der Riva degli Schiavoni zum Arsenale

1 San Zaccaria
2 Santa Maria della Pietà
3 San Giorgio dei Greci
4 Museo dell'Istituto Ellenico
5 Palazzo Querini-Stampalia
6 Santa Maria Formosa
7 Santi Giovanni e Paolo
8 Scuola Grande di San Marco
9 San Francesco della Vigna
10 Scuola Dalmata di San Giorgio degli Schiavoni
11 San Giovanni in Bragora
12 San Martino

Tour 10

Vom Arsenale zur Isola di San Pietro

13 Arsenale
14 Museo Storico Navale
15 San Pietro di Castello
16 Giardini Pubblici

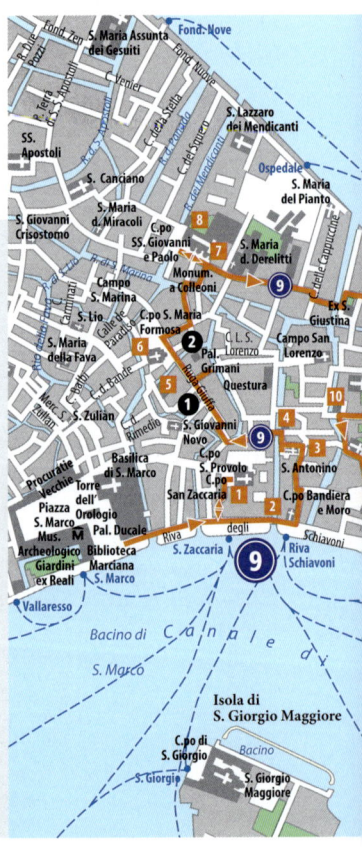

Zwischenstopp: Restaurant

Al Mascaròn ❷ €€ [E4]

Die Osteria gehört zu den populärsten ihrer Art: An einfachen Holztischen lässt man sich in lebhafter Atmosphäre Spaghetti mit Meeresheuschrecken oder Tintenfisch schmecken, die Wände zieren im Wechsel Werke v. a. aktueller venezianischer Künstler.

• Castello 5225
  Calle Lunga Santa Maria Formosa
  Tel. 04 12 44 38 56
  www.osteriamascaron.it

Campo Santi Giovanni e Paolo [E3]

Zweifellos ❗ einer der beeindruckendsten Plätze Venedigs: Die gotische Ziegelfassade der Dominikanerkirche Santi Giovanni e Paolo, an die die ehemalige Scuola Grande di San Marco mit den halbkreisförmigen Fassadenabschlüssen der Frührenaissance im rechten Winkel anschließt, und das kolossale **Reiterstandbild Colleonis** machen seine Besonderheit aus. Bartolomeo Col-

Das imposante Reiterstandbild des
Bartolomeo Colleoni

Santi Giovanni e Paolo 7 ⭐10 [E3]

Sie ist neben der Frari-Kirche der größte gotische Sakralbau Venedigs. *Zanipolo,* wie die Venezianer die Kirche nennen, wurde 1234 gestiftet und im Lauf von zwei Jahrhunderten im Stil der Bettelordengotik vollendet. Den düsteren Innenraum teilen mächtige Säulenpfeiler – verbunden mit den für gotische Kirchen in Venedig typischen Holzbalken – in drei überwölbte Schiffe. San Zanipolo war von Anfang an Grablege der Dogen: 25 venezianische Staatsoberhäupter sind hier bestattet. außerdem Adlige, Admiräle und Künster. Bei der Besichtigung des Innenraums nimmt zunächst der gewaltige Raumeindruck gefangen und lenkt von der reichen und künstlerisch bedeutenden Ausstattung des Gotteshauses ab.

Rechts an der Innenfassade stößt man auf das Grabmal des Dogen Pietro Mocenigo, von Pietro Lombardo 1481 vollendet, ein Meisterwerk in Marmor. Am zweiten Seitenaltar rechts malte Giovanni Bellini 1465 die neun Szenen aus dem Leben des 1455 heiliggesprochenen Dominikanermönchs Vinzenz Ferrer und weiterer Heiliger. Die dritte Kapelle rechts birgt mit dem Deckengemälde ihres Titularheiligen, der »Verherrlichung des hl. Dominikus«, ein Hauptwerk von Giovanni Battista Piazzetta.

Im Hauptaltarraum sticht links das opulent verzierte Grabmal des Dogen Andrea Vendramin von Tullio Lombardo (um 1492) ins Auge. Die Rosenkranzkapelle im linken

leoni war ein Condottiere aus Bergamo, einer der in Italien so früh auftretenden Berufssoldaten ohne Vaterland. Er hinterließ der Republik Venedig nach seinem Ableben 1476 ein beträchtliches, größtenteils aus Raubzügen stammendes Vermögen. Dafür verlangte er ein Standbild, was in Venedig damals unüblich war. Der Florentiner Andrea Verrocchio entwarf das Modell, starb aber über der Ausführung. Das Colleoni-Reitermonument gehört seit seiner Enthüllung 1496 zu den schönsten der Welt.

Zu einer Verschnaufpause lädt die **Pasticceria Rosa Salva** direkt am Platz ein, deren hausgemachtes Eis von vielen als das beste der Stadt gepriesen wird **50 Dinge** ⑪ › S. 13.

Querschiff schmücken Gemälde von Paolo Veronese. An der linken Seite erscheint am Grabmal des Dogen Tommaso Mocenigo (1414–1423) ein damals neues Motiv: Den gotischen Aufbau krönt ein in Stein gehauener Baldachin, den man in Venedig häufig antrifft (Castello 6363, Mo–Sa 9–18, So 12–18 Uhr, www. basilicasantigiovanniepaolo.it).

Scuola Grande di San Marco **8** [E3]

Die im rechten Winkel zur Kirchenfassade stehende Scuola Grande di San Marco war der Bruderschaft der Goldschmiede und Seidenhändler gewidmet; heute befinden sich hinter der hinreißend schönen Renaissancefassade mit ihren kunstvoll gestalteten, perspektivischen Reliefs das Städtische Klinikum und ein medizinhistorisches Museum (Di–Sa 9.30–17.30 Uhr, www.scuolagrande sanmarco.it).

San Francesco della Vigna **9** [F3/4]

An diese Stelle verlegt die Legende den Ort, an dem ein Engel den Evangelisten Markus aufweckte › **S. 75**. Ein kleines Markuskirchlein stand hier, bevor das Gelände ans Kloster kam. Sansovino errichtete 1534 die Kirche, die Fassade entwarf Palladio. Im Inneren ist die **Cappella Giustiniani** (links vom Hauptaltar) sehenswert. Sie ist mit **!** reichsten Marmorarbelten der lombardischen Schule (Ende 15. Jh.) ausgestattet – das Stifterbild mit dem Kirchenmodell (Altar) zeigt erstaunlicherweise eine ganz andere Fassade als

die tatsächliche, nämlich eine Fassade in lombardischem Stil.

Vom linken Querarm kommt man in die **Cappella Santa**. Hier hängt mit der »Madonna und vier Heiligen« ein Gemälde Giovanni Bellinis von 1507. Im rechten Querarm der Kirche fällt eine gotisch anmutende »Thronende Madonna mit Kind« auf. Antonio da Negroponte malte das detailreiche Bild in der Übergangszeit von der Gotik zur Renaissance um 1470 (Mo–Fr 9–12.30, 13.30–17.30 Uhr).

Scuola Dalmata di San Giorgio degli Schiavoni **10** ⭐ [F4]

Der zweistöckige Bau (Fassade von 1551) ist heute wegen seiner Gemälde eines der wichtigsten Museen der Stadt. Im Erdgeschoss hängt über der Holzvertäfelung ein Gemäldezyklus (1501–1511) von Vittore Carpaccio (1465–1525), der die Schutzheiligen der dalmatinischen Kaufleute zum Thema hat. Das Besondere: In dieser Scuola, die 1451 gegründet wurde und bis heute aktiv ist, kann man die bedeutenden Kunstwerke noch an ihrem ursprünglichen Ort bewundern. Der erste Stock, in dem sich die Herberge der Scuola befindet, besitzt eine herrliche Prunkdecke (Castello 3259/A, Mo 13.30–17.30, Di–Sa 9.30–17.30 Uhr).

Zur Kirche San Martino

Über den nahen **Campo Bandiera e Moro** mit dem gotischen **Palazzo Gritti-Badoer** (14. Jh.) und der Kirche **San Giovanni in Bragora** **11** [F4] gelangt man zur Kirche **San Marti-no 12** [F4]. Der Legende nach war sie schon im 7. Jh. Zufluchtsort für Vertriebene vom Festland, ihre heutige Gestalt geht auf einen Entwurf Jacopo Sansovinos von 1540 zurück. Beachtung verdient der als Löwenmaul gestaltete Denunziationsbriefkasten an der für die Renaissance ungewöhnlichen Ziegelsteinfassade.

Einen Katzensprung entfernt befindet sich der sehenswerte Eingang zum Arsenale, der historischen Werft der Serenissima.

Marco Polo – ein Venezianer entdeckt die Welt

Zweifel an seiner berühmten Chinareise wurden schon zu Lebzeiten Marco Polos (1254–1324) laut und werden von der Wissenschaft immer wieder neu entfacht. Dennoch gilt der aus einer venezianischen Kaufmannsfamilie stammende Abenteurer als erster Europäer, der das weithin unbekannte Asien intensiv bereiste. Mehr als zwei Jahrzehnte, von 1271 bis 1295, verbrachte Marco Polo in China, begab sich im Auftrag des chinesischen Kaisers u. a. nach Tibet, lernte Persien, Afghanistan sowie die Wüste Gobi kennen und kehrte schließlich auf abenteuerlichem Wege über Sumatra, Ceylon, die Westküste Indiens und Persien nach Venedig zurück. Seine Reisebeschreibungen, unter dem Titel »Il milione« veröffentlicht, sorgten für großes Aufsehen und wurden in mehrere Sprachen übersetzt.

Vom Arsenale zur Isola di San Pietro

Verlauf: Arsenale › Museo Storico Navale › Isola di San Pietro › Giardini Pubblici

Karte: Seite 118
Dauer: Gehzeit 2 Std.
Praktische Hinweise:
- Ausgangspunkt ist die Vaporetto-Station Arsenale, Endpunkt die Station Giardini.
- Das Museo Storico Navale ist mit Ausnahme der Schiffshalle wegen Umbau geschlossen.

Tour-Start:

Das Arsenale, das Schifffahrtsmuseum und die Luxusjachten, die im San-Marco-Becken vor Anker liegen: Wer sich für Schifffahrt interessiert, darf sich diesen Rundgang nicht entgehen lassen. Fotofreunde sollten ihn besser am Nachmittag machen, wenn die Insel San Giorgio Maggiore in glitzerndes Sonnenlicht getaucht ist.

Arsenale 13 [F/G4]

In der einstigen Schiffswerft entstanden zu Venedigs Blütezeit die Handels- und Kriegsschiffe der Serenissima. Rund 200 Schiffe sollen hier pro Jahr vom Stapel gelaufen sein. Das Arsenale war einst einer der am besten abgeschirmten Plätze der ganzen Republik: Hier schützten die Venezianer ihr Monopol der Schiffsproduktion. Die Anlage wur-

Venedigs historische Schiffswerft ist ein Relikt aus der Blütezeit der Serenissima

de im Jahr 1104 in Betrieb genommen und vergrößerte sich rasch auf 32 ha, später wurden hier auch Waffen gefertigt und Lagerhäuser errichtet. 16 000 Arbeiter waren im 16. Jh. im Arsenale beschäftigt.

Der **Triumphbogen** (1460) am Eingang mit dem geflügelten Löwen und der Justizia (1578), den bevorzugten Symbolen der Venezianer, ist das früheste Beispiel der Renaissance in Venedig. Der Sieg über die Türken in der Seeschlacht von Lepanto (1571) machte das Arsenale-Portal zur Gedenkstätte, die spätere Siege immer weiter ausschmückten **50 Dinge** ㉔ › **S. 15.**

Das Arsenale ist bis heute Sperrbezirk des Militärs und daher der Öffentlichkeit weitgehend unzugänglich. Seit einigen Jahren finden hier jedoch im Rahmen der Biennale Ausstellungen und Theateraufführungen statt – eine gute Gelegenheit, die imposante Anlage näher kennenzulernen › **S. 125.**

Museo Storico Navale ⑭ ⭐ [F5]

Ein ehemaliger Kornspeicher an der Ecke zum Becken von San Marco beherbergt heute das bedeutendste Marinemuseum Italiens. Unter den historischen Schiffsmodellen, die Glanzstücke der Ausstellung darstellen, ragt ein Nachbau des letzten Bucintoro (1828) hervor, des Staatsschiffs der Dogen. **50 Dinge** ㉖ › **S. 15.** Zurzeit kann wegen Umbauarbeiten nur die Schiffshalle besichtigt werden (Padiglione delle Navi, Rio della Tana, Castello 2162/C, nahe Ponte dell'Arsenale, Riva San Biasio, tgl. 8.45–17 Uhr, 5 €).

Via Garibaldi

Weiter geht es auf der Via Garibaldi, einem aufgeschütteten Kanal, der heute wie eine Fußgängerzone wirkt. Die für Venedig außergewöhnlich breite Straße durchzieht ein lebendiges Wohnviertel mit pittoresken Ausblicken in die Nebenstraßen

Laboratorium der Avantgarde

Angefangen hatte alles mit der bildenden Kunst. 1895 gründeten kluge Stadtväter die alle zwei Jahre stattfindende **Biennale,** die die jeweils aktuellen Positionen der Malerei und Bildhauerei in der Lagune präsentieren sollte. Rasch entwickelte sich die Biennale zu einer renommierten Ausstellung, von der wesentliche Impulse für die bildende Kunst ausgingen.

Schon 1895 zog sie knapp 250 000 kunstinteressierte Besucher aus aller Welt an, 1909 waren es schon fast eine halbe Million. Das Konzept beruhte ganz im Sinne des 19. Jhs. auf einer nationalen Ausstellungspraxis, und zahlreiche Nationen errich-teten nach und nach in den Giardini Pubblici Länderpavillons. Die Dynamik, die sich rund um die 29 Pavillons entwickelte, erfasste im ausgehenden 20. Jh. auch alle anderen Kunstformen.

Nach der unter dem Motto »All the World's Futures« ungemein politischen Werkschau 2015 findet die **57. Internationale Kunstausstellung** 2017 statt, die nächste 2019.
- **La Biennale di Venezia** [C4]
  Tel. 04 15 21 87 11
  info@labiennale.org
- **Kunst im Netz:**
  Geschichte der Biennale, Presse, Terminkalender unter
  www.labiennale.org

dAPERTutto

Im Zeichen der Globalisierung erwies sich die Ausstellung der Kunst in Länderpavillons als nicht mehr zeitgemäß. Man suchte also in den 1980er-Jahren nach Flächen für eine nicht länderspezifische Kunstschau. Und man fand das dAPERTutto, 9000 m² auf dem Gelände des Arsenale, der Werft aus dem 16. Jh. – alte Räume, die moderner nicht sein könnten.

Von der bildenden Kunst zu Theater und Tanz

Die vielen Anstrengungen in den 1990er-Jahren, Venedig »neu zu denken«, machten auch vor der Biennale nicht halt. Angestrebt wurde ein dynamisches, experimentelles Laboratorium, in dem unabhängig vom Zweijahresturnus das ganze Jahr über Kunstformen erprobt werden. Seit 1998 gehören auch Tanz, Musik und Theater zum Programm. Ensembles, Gruppen und Solisten aus aller Welt präsentieren Ungesehenes, Ungehörtes und Ungewöhnliches.

Zwei Theater stehen als Spielorte zur Verfügung, deren Charakter zu Avantgarde verpflichtet: Das **Teatro Piccolo Arsenale** und das **Teatro alle Tese** befinden sich in den Arbeitshallen des alten Arsenale › **S. 122**, wo bereits der Veranstaltungsraum für sich ein Erlebnis ist.

- Informationen zu Musik-, Tanz- und Theateraufführungen sind erhältlich bei **La Biennale – Settori Danza, Musica, Teatro** unter
  Tel. 04 15 21 88 98
  dmtsegreteria@labiennale.org

- Karten für die Tanz-, Musik- und Theaterbiennale können bequem einen Monat zuvor per Internet vorbestellt werden unter www.labiennale.org

Filme am Lido

1932 rief Venedig zusätzlich zur Kunstschau ein Filmfestival ins Leben, das jedes Jahr Ende August, Anfang September die internationale Filmprominenz auf dem Lido vereint und neben dem Festival von Cannes und der Berlinale zu den wichtigsten Filmfestspielen der Welt zählt. Der als Preis vergebene Goldene Löwe (Leone d'Oro) gehört zu den begehrtesten Auszeichnungen der Branche. Herz des Filmfests ist der renovierte Palazzo del Cinema von 1937.

- **Palazzo del Cinema**
  Lungomare Marconi 30
  30126 Lido di Venezia
  Tel. 04 15 21 87 11
  cinema@labiennale.org

Kunst des Bauens – die Architekturbiennale

Seit 1984 findet abwechselnd mit der Schau der bildenden Künste auf dem Gelände der Giardini und im Arsenale eine internationale Ausstellung zeitgenössischer Architektur mit urbanen Visionen einer gebauten Welt von übermorgen statt – die 16. Biennale von Juni bis Nov. 2018. Die Schau steht jeweils unter einem Motto, 2016 war dies »Reporting from the Front« – die Architekten hatten die Aufgabe, die Konfliktverläufe der Gegenwart zu erkunden.

- **Biennale di Architettura**
  Tel. 04 15 21 87 11
  www.labiennale.org

Venedigs Stadtpark: die Giardini Pubblici

und geht wieder in einen Kanal mit Uferstreifen über, den Rio di Sant' Anna. Von der Brücke über den Canale di San Pietro eröffnet sich ein guter Blick auf die in diesem Viertel angesiedelten Werftbetriebe.

Isola di San Pietro

Die Insel San Pietro mit ihren beschaulichen Gassen war bis 1807 Sitz des venezianischen Bischofs. Aus diesem Grund verfügt **San Pietro di Castello** 15 [G4] über Ausmaße, die mit denen einer Dorfkirche nichts gemein haben. Allerdings hatte San Pietro längst nicht die Bedeutung von San Marco: Die meisten religiösen Zeremonien repräsentierten zugleich den Staat Venedig und wurden vom jeweiligen Dogen geleitet, dem Bischof kam nur eine untergeordnete Rolle zu.

An der Fassade erkennt man wieder das Motiv säulentragender Dreiecksgiebel, mit dem Palladio

arbeitete und das nach ihm benannt ist. Die Architektur des Innenraums geht ebenfalls auf Palladio zurück. Schmuckstück ist hier der marmorne Bischofsthron (Cattedra) zwischen dem zweiten und dritten Seitenaltar auf der rechten Seite. Der hl. Petrus soll ihn in Antiochia benutzt haben (Mo 10.30–16, Di–Sa bis 16.30 Uhr, Choruskirche › S. 153).

Giardini Pubblici 16 [G5/6]

Beim Rückweg nimmt man am besten die Calle Larga, die andere Brücke über den Canale di San Pietro. Von ihr lässt sich San Pietro mit der pittoresken Fassade und dem etwas schiefen Campanile, den Codussi zwischen 1482 und 1490 errichtete, gut überblicken.

Der Weg führt durch reizende Gässchen des Viertels **Campo di Ruga** zum Rio di Sant'Anna und zur Via Garibaldi zurück. An der Grünanlage biegt man links ein und steht vor dem rührenden Denkmal des Freiheitskämpfers Garibaldi: Er steht heroisch auf einem Felsen, an dessen »Abhang« schläfrig der Markuslöwe blinzelt.

Der Viale Garibaldi führt zu den **Giardini Pubblici**, dem Stadtpark, wo die Länderpavillons der internationalen Kunstbiennale › S. 124 stehen. Hier präsentieren sich die einzelnen Nationen alle zwei Jahre mit ihrer Kunstproduktion.

Von der Anlegestelle Giardini Pubblici kann man per Schiff nach San Marco zurückkehren.

Von der Kuppel der Salute-Kirche blickt der hl. Markus über den Giudecca-Kanal

DORSODURO

Kleine Inspiration

- **Von der Terrasse des Restaurants Lineadombra** am Ponte dell'Umiltà genießt man abends einen atemberaubenden Blick auf die angestrahlte Redentore-Kirche › S. 132
- **In den Magazzini del Sale,** den historischen Salzspeichern der Seerepublik, finden regelmäßig interessante Wechselausstellungen statt › S. 132
- **Das segeltuchüberspannte Gemüseboot** an der »Brücke der Faustkämpfer« verkauft direkt vom Schiff frische Tomaten, Gurken, Kirschen und Pfirsiche › S. 136
- **Venedigs höchst lebendige Studentenszene** trifft sich am Campo Santa Margherita. Hier locken Kneipen und Cafés in Hülle und Fülle › S. 136

Dorsoduro ist trotz seiner Randlage eines der romantischsten Stadtsechstel Venedigs und besitzt mit den Gallerie dell'Accademia und der Collezione Peggy Guggenheim zwei hochkarätige Kunstmuseen.

Der im Südwesten gelegene Stadtteil zwischen internationalem Fährhafen, Piazzale Roma und dem Giudecca-Kanal wartet dank der Universitätsinstitute mit viel studentischem Flair auf. Nahe Accademia befinden sich elegante Geschäfte und erlesene Kunstgalerien, die sich mit ihrem Angebot von der üblichen Massenware deutlich abheben.

Mit den Gallerie dell'Accademia und der Collezione Peggy Guggenheim besitzt Dorsoduro auch gleich zwei der bedeutendsten Kunstmuseen Venedigs, deren Besuch ein Muss ist. Und 2009 hat an der Punta della Dogana ein weiteres aufsehenerregendes Museum seine Pforten geöffnet. Gezeigt wird moderne Kunst aus der Sammlung Pinault.

Touristen spielen in Dorsoduro sonst eher eine Nebenrolle. Am Campo San Trovaso geht noch ein Gondelbauer seiner Arbeit nach, und in den Bàcari sind die Bewohner meist unter sich. Auch am zauberhaften Campo San Barnaba und am Campo Santa Margherita bestimmen überwiegend die Einheimischen das abendliche Treiben, genau wie an den breiten Zattere, der Uferpromenade, an der einst das Holz angeliefert wurde (*zattere* = Flöße). Auf dieser kann man bis zur Punta della Dogana flanieren, die Redentore-Kirche auf der Giudecca zur Rechten. Die lang gestreckte stille Insel gehört ebenfalls zu Dorsoduro. Von hier bietet es sich auch an, auf die Klosterinsel San Giorgio Maggiore überzusetzen.

Der Palazzo Venier dei Leoni birgt die Sammlung Peggy Guggenheim

Touren in Dorsoduro

Zum Campo San Pantalon

Verlauf: Gallerie dell'Accademia › Palazzo Cini › Collezione Peggy Guggenheim › Santa Maria della Salute › Punta della Dogana › Magazzini del Sale › Spirito Santo › Santa Maria del Rosario o dei Gesuati › Chiesa di San Trovaso › Campo Santa Margherita › Campo San Pantalon

Karte: Seite 130
Dauer: reine Gehzeit 2,5 Std., mit Besichtigungen 5–6 Std.
Praktische Hinweise:
• Ausgangspunkt ist die Vaporetto-Station Accademia, Endpunkt der Campo Santa Margherita, von wo aus man rasch die Vaporetto-Station San Tomà erreicht.

Tour-Start:

Diese Tour führt zu bedeutendsten Kunststätten Venedigs, bietet fantastische Panoramaausblicke auf den Canal Grande und macht zugleich mit dem gemütlichen Sestiere Dorsoduro (*dorso duro* bedeutet »harter Rücken«) bekannt. Neben den Gallerie dell'Accademia ist eines der Highlights dieser Tour das 2009 eröffnete Museum für zeitgenössische Kunst an der Punta della Dogana, das nicht nur hochkarätige Werke der Moderne bietet, sondern allein wegen seiner architektoni-

schen Gestaltung durch den japanischen Stararchitekten Tadao Ando überaus sehenswert ist.

Gallerie dell' Accademia **1** ⚜ [C5]

In 24 Sälen wird ein umfassender Überblick über die venezianische Malerei des 14. bis 18. Jhs. präsentiert. Die Kunstwerke der bedeutendsten Gemäldesammlung der Stadt stammen zu einem großen Teil aus ehemaligen Klöstern, Kirchen und Scuole. In einem ehemaligen Konvent, Santa Maria della Carità, wurden die Werke bereits seit 1807 sorgsam verwahrt. Zu den Glanzlichtern der Sammlung gehören die epochalen Werke der Frührenaissance von Bellini, Vivarini und Carpaccio sowie die der großen drei Meister der venezianischen Malerei des 16. Jhs.: Tizian, Tintoretto und Veronese. Der Eingang zu den Kunstgalerien befindet sich am Kanal (Campo della Carità, Dorsoduro 1050, Mo 8.15–14, Di–So 8.15–19.15 Uhr, www.gallerieaccademia.org, 12 €).

Palazzo Cini **2** [C5]

Der Philanthrop und Mäzen Vittorio Cini (1885–1977), der in diesem Haus lebte, hinterließ eine bemerkenswerte Gemäldesammlung, vorrangig mit Werken toskanischer und ferraresischer Renaissancekünstler (Campo San Vio, Dorsoduro 864, Mi–Mo 11–19 Uhr, www.palazzocini.it, 10 €).

Collezione Peggy Guggenheim 3 ⚛ [D5]

Die Gemäldesammlung der amerikanischen Kunstmäzenin Peggy Guggenheim (1898–1979) ist im Palazzo Venier dei Leoni untergebracht, ihrem ehemaligen Wohnhaus. Sie umfasst Meisterwerke der klassischen Moderne (u. a. von Marc Chagall, Piet Mondrian, Paul Klee, Jackson Pollock und Pablo Picasso). Häufig finden aufsehenerregende Wechselausstellungen statt.

Die Millionenerbin, die in zweiter Ehe 1941–1946 mit Max Ernst verheiratet war, hatte zahlreichen Juden durch den Kauf ihrer Bilder die Flucht ermöglicht (Dorsoduro 701–704, tgl. außer Di 10–18 Uhr, www.guggenheim-venice.it, 15 €).

Santa Maria della Salute 4 ⭐ [D5]

Am Ausgang des Canal Grande erhebt sich die weithin sichtbare Barockkirche. Während der Pestepide-

Touren in Dorsoduro

Tour ⑪

Zum Campo Santa Margherita

1 Gallerie dell'Accademia
2 Palazzo Cini
3 Collezione Peggy Guggenheim
4 Santa Maria della Salute
5 Pinacoteca Manfrediniana
6 Dogana da Mar
7 Magazzini del Sale
8 Spirito Santo
9 Santa Maria del Rosario o dei Gesuati
10 Santa Maria della Visitazione o San Gerolamo dei Gesuati
11 San Trovaso
12 Squero di San Trovaso (Gondelwerkstatt)
13 Campo Santa Margherita
14 San Pantalon

Tour ⑫

Insel Giudecca

15 Il Redentore
16 Casa dei Tre Oci
17 Zitelle

Tour ⑬

Insel San Giorgio Maggiore

18 San Giorgio Maggiore

mie des Jahres 1630 gelobte der Doge der Madonna den Bau einer Kirche, mit der Bitte, der Pest ein Ende zu setzen. Von den elf eingereichten Modellen siegte das von Baldassare Longhena, der sofort mit dem Bau begann. Die Vollendung erlebte er jedoch nicht mehr: Die Weihe des Hauses fand erst 1687 statt – fünf Jahre nach seinem Tod.

Der Rundbau, mehr Votivtempel als Kirche, imponiert durch die Treppen, die ihn erst recht aufs Po-

dest stellen, und die überdimensionalen Voluten. Das Innere des Gotteshauses ist schlicht, verfügt jedoch über erstklassige Gemälde von Künstlern wie Giordano, Tintoretto, Tizian u. a.; der kolossale Marmoraltar Baldassare Longhenas trägt das Gnadenbild der Madonna.

Am 21. November findet mit der Festa della Madonna della Salute eine der größten und schönsten Feierlichkeiten Venedigs statt. Dann wird eine Ponton-Brücke über den

Kanal geschlagen, Tausende von Pilgern folgen der Prozession.

Im Klostergebäude befindet sich die **Pinacoteca Manfrediniana** 5 [D5], eine interessante Gemälde- und Skulpturensammlung, die allerdings nur nach Voranmeldung zu besichtigen ist (Dorsoduro 1, Tel. 04 12 74 39 73).

Zwischenstopp: Restaurant

Lineadombra 1 €€€ [D5]

Eine romantische Adresse für ein abendliches Dinner: Auf der Rückseite der Kirche Santa Maria della Salute sitzt man im Sommer auf der ruhigen Terrasse am Giudecca-Kanal und hat einen atemberaubenden Blick auf die angestrahlte Redentore-Kirche.

• Dorsoduro 19
  Tel. 04 12 41 18 81
  www.ristorantelineadombra.com

Dogana da Mar 6 [D5]

In der ehemaligen Meereszollstation wurden alle Waren, die über das Wasser nach Venedig gelangten, verzollt bzw. zwischengelagert. An der **Punta della Dogana**, der Zollspitze, musste jedes Schiff, das den Canal Grande benutzte, vorbeifahren. Die Bronzegruppe von Falcone (Ende 17. Jhs.) wurde ein Wahrzeichen Venedigs: Fortuna, die Glücksgöttin, wiegt sich auf einer goldenen Kugel, gehalten von zwei Atlanten.

2009 wurde in der ehemaligen Zollbehörde das **Centro d'Arte Contemporanea** (Museum für zeitgenössische Kunst) eröffnet. Vom japanischen Stararchitekten Tadao Ando gestaltet, bietet es einen faszinierenden Rahmen für die Samm-

lung Pinault und spannende Wechselausstellungen (Dorsoduro 2, tgl. außer Di 10–19 Uhr, www.palazzo grassi.it, 15 €).

Magazzini del Sale 7 [D5]

In den alten Salzspeichern der Republik aus dem 14. Jh. sind heute Ruderklubs zuhause. Die **Fondazione Vedova** zeigt in den historischen Räumen Bestände des New Yorker Guggenheim-Museums und Wechselausstellungen (Dorsoduro 266, wechselnde Öffnungszeiten www. fondazionevedova.org).

Spirito Santo 8 [D5]

Zu der Kirche aus dem 15. Jh. gehören auch ein Klosterkomplex und eine Scuola. Daneben erkennt man das **Ospedale degli Incurabili,** in dem zunächst Aussätzige und unheilbar Kranke untergebracht waren. Später funktionierte man es zum Waisenhaus um, in dem die Kinder Musikunterricht erhielten.

Santa Maria del Rosario o dei Gesuati 9 [C5]

Trotz ihres konventionellen Klassizismus dominiert die Kirche die Häuserfront. Sie beeindruckt mit herrlichen Gemälden des 18. Jhs. und stimmiger Verteilung der Kunstwerke. Die Statuen zwischen den Seitenaltären rahmen den Raum und weisen mit den Flachreliefs über ihnen in die kostbare Deckenzone: Tiepolos Meisterfresko, entstanden zwischen 1737 und 1739, umgeben monochrome Werke aus seiner Schule (Mo 10.30–16, Di–Sa bis 16.30 Uhr, Choruskirche › **S. 153**).

Im Squero di San Trovaso warten Gondeln auf ihre Reparatur

Santa Maria della Visitazione 10 [C5]

Wenige Meter weiter links folgt die weniger pompöse Fassade des Kirchleins Santa Maria della Visitazione, dessen kunstgeschichtliche Bedeutung in ihrem feinen lombardischen Dekor (1493–1524) liegt. Die 58 bemerkenswerten Deckenbilder entstanden im 15. Jh. Aufmerksamkeit verdient einer der letzten Geheimbriefkästen Venedigs **50 Dinge** ㉓ › S. 14. Er befindet sich zwischen den beiden Kirchen, neben Haus Nr. 919 (tgl. 10.15–12, 15–17 Uhr).

Zum Campo San Trovaso

Über die Fondamenta Nani und dann links über eine Brücke gelangt man zu Campo und Kirche **San Trovaso** 11 [C5] (11. Jh.), die in ihrer heutigen Gestalt von 1584 an errichtet wurde. Ihr Inneres ziert ein »Abendmahl« von Tintoretto (1556); auch die »Fußwaschung« wird ihm zugeschrieben. Genauere Beachtung verdient daneben der

elegante perspektivische Altar von Alessandro Vittoria aus dem 16. Jh. (Mo–Sa 15–18 Uhr).

Gondelwerft 12 ⭐ [C5]

Vom Ufer gegenüber San Trovaso sieht man an der Ecke der beiden Wasserarme den **Squero,** ❗ eine der letzten und ältesten Gondelwerften Venedigs, die den Kundendienst für die ca. 600 hauptberuflichen Gondolieri und ihre Boote besorgt. Einst waren die *squeri* über die ganze Stadt verteilt; bevor das Arsenale den gesamten Schiffsbau übernahm, wurden in den Werften alle Arten von Wasserfahrzeugen gebaut (Squero di San Trovaso, Dorsoduro 1097, www.squerosantrovaso.com).

Zwischenstopp: Restaurant

Enoteca Al Bottegon (Cantine del Vino già Schiavi) ❷ [C5]

Die Enoteca an der Brücke San Trovaso zählt zu den traditionsreichsten Weinlokalen der Stadt **50 Dinge** ② › S. 12.
• Dorsoduro 992 | Fond. Nani
  Tel. 04 15 23 00 34

Venedig und die Gondel

Schmal, lang und schwarz ist sie, elegant in ihrer gleitenden Bewegung über das Wasser. *La gondola* – allein der melodiöse Name verspricht eine sanfte Partie auf den Kanälen der Lagunenstadt.

Bis Mitte des 16. Jhs. waren die Gondeln entsprechend der Herrlichkeit der Seerepublik mit Pomp und Prunk ausgestattet. Offenbar kam es dabei zu einigen Übertreibungen, denn 1562 verfügte der Senat, dass alle Gondeln Schwarz zu tragen hätten – schmucklos, aber feierlich, damit nichts von der Pracht Venedigs ablenkt. Als Verkehrs- und Transportmittel sind Gondeln schon aus der Zeit des ersten Dogen (697) belegt.

Symbolhaft!

Ihre Maße sind 10,15 m Länge und 1,40 m Breite; dass sie rechts 24 cm schmaler ist, hängt wohl mit der Position des Gondoliere zusammen, der das Ruder nur auf der rechten Seite eintaucht. Die Gondelspitze ziert der *ferro* (dt.: Bugeisen) eine Standarte aus Metall: Die sechs Streifen stellen die sechs Stadtteile Venedigs dar; der siebte mit anderer Richtung steht für die Insel Giudecca, während die Rundung den Dogenhut symbolisiert.

In der Gondelwerkstatt

Für die Fertigung einer Gondola, die aus acht verschiedenen Hölzern gezimmert wird, brauchen Gondelbauer etwa drei Monate. Die **Gondelwerkstatt** › S. 133 *(squero)* in Dorsoduro baut und repariert seit dem 17. Jh. Gondeln. Sie ist eine von fünf verbliebenen Gondelwerften in Venedig.

Während im *squero* der Körper der Gondola entsteht, fertigt der *remero* die Ruder und die Rudergabel, die *forcola*. Heute übt in Venedig nur noch **Paolo Brandolisio** dieses Handwerk aus – Besucher sind in seiner Werkstatt stets willkommen. Er formt die komplexen dreidimensionalen *forcole* (Holzdollen), die acht verschiedene Ruderstellungen zulassen. Die Rudergabel wird der Statur des Gondoliere angepasst, ihre Maße entsprechen im Idealfall den seinen, bilden eine Einheit. Kein Wunder also, dass dem Vorschlag, die Holzruder durch langlebige Plastikruder zu ersetzen, eine Abfuhr erteilt wurde.

• **Paolo Brandolisio** [E4]
Castello 4725 | Sotoportego Corte
Tel. 04 15 22 41 55
http://paolobrandolisio.altervista.org
Mo–Fr 9–13, 15–19 Uhr

Mit dem Traghetto von Ufer zu Ufer

Die Venezianer lassen sich nur selten zu einer romantischen Gondelfahrt hinreißen und nutzen im Alltagsleben gern den *traghetto*, die Gondelfähre über den Canal Grande. In der Tat ist die Überfahrt à 2 € (mit Venezia Unica City Pass 0,70 €) wirklich geschenkt – allerdings verkehren die Boote nur unregelmäßig › S. 30. Folgen Sie den grün-goldenen Hinweisschildern »traghetto«, um zu den Fährstationen *(stazi)* zu kommen.

Voga alla Veneziana

Wer könnte das Wesen Venedigs verstehen, wenn er nicht einmal das ureigenste Verkehrsmittel der Stadt genutzt hätte und nicht einmal eine *voga alla veneziana,* eine Gondelpartie, mitgemacht hätte? Unvergesslich ist das Erlebnis, sich durch die stillen Kanäle an den Mauern der Palazzi vorbeiwiegen zu lassen. Ein besonders schönes Erlebnis sind die Fahrten in der Nacht bei Mondschein, wenn es ruhig wird auf den Brücken und man nur noch das sanfte Eintauchen des Ruders ins Wasser hört.

Übrigens: Nach rund 900 Jahren männlicher Vorherrschaft gibt es seit 2010 unter den über 400 Gondolieri eine Gondoliera: Die Venezianerin Giorgia Boscolo, Tochter eines Gondoliere, darf als erste Frau offiziell Besucher durch die Kanäle schippern.

• **Fahrpreise:** Leider ist eine Gondelpartie nicht gerade preiswert: Für die 30- bis 40-minütige Standardtour muss man tagsüber etwa 80 € (bis zu 6 Pers., mind. 14 € pro Person) berappen, am Abend und bei Fahrten mit musikalischer Untermalung steigt der Preis › auch S. 30.

• **Info:** www.gondolavenezia.it

Traghetto-Stationen
• San Marcuola–Fondaco dei Turchi
• Santa Sofia–Pescheria
• Riva del Carbon–Riva del Vin
• San Tomà–Sant'Angelo
• San Barnaba–San Samuele
• Santa Maria del Giglio–La Salute
• Punta della Dogana–Calle Vallaresso

Die Gondolieri setzen die Passagiere in der Regel von 8–13 oder bis 18/19 Uhr über; manche Traghetti fahren sonntags nicht.

Zum Ponte dei Pugni [C4]

Entlang dem Rio delle Eremite gelangt man zum ▮ malerischen Campo San Barnaba. Von dort überquert man in Richtung Campo Santa Margherita den **Ponte dei Pugni**, die »Brücke der Faustkämpfe«, an der das ▮ hübsche Gemüseschiff vor Anker liegt. Hier lieferten sich die Castellani mit den Nicoloti seit dem Mittelalter handfeste Schlägereien, die im 18. Jh. schließlich verboten wurden › **Seitenblick unten.**

Zwischenstopp: Restaurant

Casin dei Nobili ❸ €€ [C4]
In der fröhlich-lauten Pizzeria gleich südlich des Campo San Barnaba werden Pizza, Pasta und Meeresfrüchte zu angemessenen Preisen serviert. › **S. 35.**

Campo Santa Margherita 13 [B/C4]

Wie alle großen Plätze der Stadt prägt auch diesen sein unverwechselbares Flair: mittelalterliche Bausubstanz, ein abgesägt wirkender Campanile am anderen Ende und lebendiges Marktgeschehen. Der frei stehende Bau in der Platzmitte ist die **Scuola dei Varoteri,** die ehemalige Schule › **S. 55** der Gerber und Färber. Eine Inschrift an der Fassade gibt Auskunft darüber, welche Mindestmaße die zum Verkauf angebotenen Fische haben mussten.

In jüngerer Zeit hat sich der Campo zu einem ▮ Treffpunkt an lauen Abenden entwickelt. Man sitzt im Freien, nimmt ein Getränk oder schleckt ein Eis und genießt das herrliche Ambiente und das ewige Kommen und Gehen der Leute, hauptsächlich Einheimische.

San Pantalon 14 [C4]

Die unscheinbare Fassade verrät nicht, dass sich in der Kirche eines der spektakulärsten Deckengemälde Venedigs befindet. Das **Martyrium und die Apotheose des Heiligen Pantaleon** besteht aus 40 aneinandergefügten Teilen (Campo San Pantalon, Mo–Sa 10–12, 13–15 Uhr).

SEITENBLICK

Der Ost-West-Konflikt – Castellani und Nicoloti

In der Gemäldegalerie der Accademia hängt ein Gemälde, das ein wüstes Getümmel zeigt: Zu beiden Seiten einer Brücke drängt sich das gaffende Volk, auf der Brücke kämpfen Männer erbittert miteinander. Die spektakuläre Darstellung nimmt Bezug auf ein populäres Volksfest, das spielerisch die historische Rivalität der Bewohner der beiden Ufer des Canal Grande aufs Korn nimmt. Die Bewohner der Ostseite hießen nach der alten Dogenburg Castello die *Castellani,* die auf der Westseite nach ihrer Patronatskirche San Nicolò dei Mendicoli die *Nicoloti.*

In diesem Ost-West-Konflikt spiegelte sich die uralte Polarität zwischen den Reichen und Mächtigen der San-Marco-Seite und den kleinen Leuten, Fischern und Handwerkern auf dem gegenüberliegenden Ufer. Bis heute hat sich für das Westviertel die Bezeichnung *Venezia minore,* das »kleine Venedig«, erhalten, und auch den Ponte dei Pugni, die »Brücke der Faustkämpfe«, gibt es noch.

Insel Giudecca

Verlauf: Il Redentore › Casa dei Tre Oci › Zitelle

Karte: Seite 130
Dauer: Gehzeit 1 Std.
Praktische Hinweise:
• Gute Vaporetto-Anbindung von den Zattere und von San Marco/ Vallaresso.

Tour-Start:

Auf der einstigen Klosterinsel besaßen wohlhabende venezianische Familien einst Sommerresidenzen samt prachtvollen Gärten. Später wandelte sie sich zu einem bedeutenden Industrie- und Gewerbestandort – davon zeugt noch heute das gigantische Gebäude des Molino Stucky, heute ein Hilton Hotel. Seit ein paar Jahren befindet sich die Insel im Umbruch. Immer mehr Venezianer zieht es auf die lang gestreckte, ruhige Insel mit bezahlbaren Wohnungen, die nur durch den breiten Giudecca-Kanal vom Zentrum Venedigs getrennt ist. Von touristischem Interesse ist nicht nur der fantastische Blick auf Venedig, sondern vor allem die Renaissancebauten Andrea Palladios.

Il Redentore 15 ⭐ [D6]

Die erste der zwei Pestkirchen Venedigs. Während der Epidemie von 1576, an der auch Tizian starb, gelobte man diesen Bau, den Palladio entwarf (Bauzeit 1577–1592). In der Fassade ist das Tempelmotiv Palladios dreimal verschränkt. Der Innenraum erreicht nicht die überzeugende Klarheit von San Giorgio Maggiore, dafür wurde das **Presbyterium** ein genialer Wurf: Korinthische Säulen fassen den überkuppelten runden Raum ein und bilden den Rahmen für den frei stehenden Marmorhochaltar. Die jeweils dritte Kapelle auf der rechten und linken Seite schmückt ein Bild aus der Tintorettoschule; in der Sakristei (Zugang dritte Kapelle rechts) ist die »Anbetende Madonna« von Alvise Vivarini (Ende 15. Jh.) einen Blick wert (Mo 10.30–16, Di–Sa bis 16.30 Uhr, Choruskirche › **S. 153**).

Beim Redentore-Fest › **S. 58** am dritten Julisonntag wird mit einer Schiffsbrücke, einem Riesenfeuerwerk und prächtig geschmückten Wasserfahrzeugen an das Gelübde der Kirchengründung erinnert.

Palladios Redentore-Kirche

Casa dei Tre Oci 16 [D6]

Der Uferspaziergang führt mit wunderschönem Blick den Canale della Giudecca entlang, an dem ein paar Cafés zum Verweilen einladen. Haus Nr. 43 ist die **Casa dei Tre Oci** (»Haus der drei Augen«), ein Jugendstilbau von 1913, der heute als Kulturzentrum fungiert.

Zitelle 17 [E6]

Ein weiterer Palladio-Bau, einst ein Stift für arme unverheiratete Mädchen *(zitelle)*, heute Ausstellungs- und Kongresszentrum. Die Fassade mit dem großen Thermenfenster wurde ebenfalls oft kopiert.

Insel San Giorgio Maggiore

Verlauf: Venedig › Insel San Giorgio Maggiore

Karte: Seite 130
Dauer: 1 Std.
Praktische Hinweise:
- Ab San Zaccaria oder ab Zitelle (Giudecca) zur Isola di San Giorgio Maggiore.
- Eine Besichtigung des Benediktinerklosters ist nur im Rahmen einer Führung möglich (Sa, So 10–17 Uhr, auf Englisch 11, 13, 15 und 17 Uhr, Tel. 04 12 20 12 15, www.cini.it).

Tour-Start: San Giorgio Maggiore 18 ⭐ [E5/6]

Die malerische Silhouette der vorgelagerten Klosterinsel San Giorgio Maggiore mit dem imposanten Campanile, der dem von San Marco durchaus Konkurrenz macht, gehört ebenso zu Venedigs Stadtbild wie die Basilica di San Marco und der Dogenpalast.

Das Kloster, in dem seit 982 Benediktinermönche residieren und das zeitweise eine der bedeutendsten Niederlassungen des Ordens in Italien war, gelangte 1109 in den Besitz der Reliquien des heiligen Stephanus, die Pilgerströme anlockten. Doch unter Napoleon wurde der zu Reichtum und Ansehen gelangte Orden aufgelöst. Heute leben hier wieder einige wenige Mönche sehr zurückgezogen.

Klosterinsel San Giorgio Maggiore

Die Insel ist Sitz der **Fondazione Cini** mit einem künstlerisch-wissenschaftlichen Studienzentrum und war 1981 Tagungsort des Weltwirtschaftsgipfels. Der heutige Baukomplex entstand im Wesentlichen in der Renaissance und ist untrennbar verbunden mit den Namen der Baumeister Andrea Palladio und Baldassare Longhena. Letzterer steuerte die große Treppe, die Abtwohnung und die Bibliothek bei.

Die Kirchenfassade gestaltete Palladio mit dem klassischen Motiv aus Säulen und Dreiecksgiebel. Baubeginn war im Jahr 1566, Bauende 1610. Der dreischiffige **Innenraum** in Kreuzform hat harmonische Proportionen und lässt die gewaltigen Dimensionen der Kirche vergessen. Der ausgesprochen klare Raum wurde dadurch idealer Rahmen für großartige Gemälde. An der rechten Wand des Altarraums hängt das »Abendmahl«, ein berühmtes Spätwerk von Jacopo Tintoretto. Wenn man an dem Gemälde vorbeigeht, scheint der Abendmahlstisch von der einen auf die andere Seite des Gemäldes zu »springen« und den Bildaufbau völlig zu verändern – eine optische Täuschung. Die in unwirklich anmutenden Lichtfluten verklärte Figur Christi scheint dieses Wunder zu vollbringen. Berühmt in der Kunstgeschichte ist Gerolamo Campagnas Hauptaltarbronze mit dem Thema »Vier Evangelisten halten die Weltkugel, auf der der Allmächtige thront«. Diese Darstellungsweise erfuhr später zahllose Nachahmungen.

Vom **Campanile** bietet sich ein herrlicher Blick über die Lagune und die Klosteranlag. Hinauf geht es mit dem Aufzug (tgl. 9–18, im Winter 9–17 Uhr, manchmal in der Mittagszeit geschl., 6 €).

AUSFLÜGE & EXTRA-TOUREN

Kleine Inspiration

- **Glasprodukte kaufen** und Interessantes über ihre Herstellung lernen kann man auf Murano. Eine Osteria mit Terrasse am Wasser serviert leckere Fischgerichte › S. 141
- **In eine andere Welt** versetzt ein Ausflug auf die stille Insel Torcello, wo man das älteste Bauwerk der Lagune besichtigt › S. 144
- **Weite Sandstrände und glasklares Wasser** laden auf Pellestrina zu einem Badestopp ein › S. 147
- **Bei einer Bootstour auf dem Brenta-Kanal** entlang prachtvoller Villen erfährt man, wo der venezianische Adel seine Sommerfrische verbrachte › S. 147

Ausflüge

San Michele 1 [E/F2]

Karte: Seite 145
Dauer: 1–2 Std.
Praktische Hinweise:
- Ab Fondamente Nuove ist man mit den Linien 4.1 und 4.2 in wenigen Minuten auf der Insel San Michele.
- Korrekte Kleidung erbeten, Fotografieren verboten.

San Michele ist die Friedhofsinsel Venedigs. Seit Beginn des 19. Jhs. werden die Verstorbenen auf geschmückten Gondeln zur Insel gebracht und dort bestattet. Auf dem Gelände der weitläufigen Parkanlage haben Persönlichkeiten wie Ezra Pound, Igor Strawinsky oder Joseph Brodskij ihre letzte Ruhestätte gefunden **50 Dinge** (8) › S. 12. Doch längst schon sind die Kapazitäten erschöpft, und so erhielt der Londoner Architekt David Chipperfield den Auftrag, den **Friedhof,** der wie ein griechisches Kreuz gestaltet ist, um 60 000 m² zu erweitern. Hinweistafeln leiten zu den verschiedenen Bereichen: den Schubladengräbern, zum Protestantischen und Griechischen Bereich. Die Insel, auf der sich einst ein Kloster befand, ist heute unbewohnt. Besucher kommen vor allem der Renaissancekirche **San Michele** wegen (tgl. 7.30–18 Uhr, im Winter bis 16.30 Uhr).

Die Chiesa di Santa Fosca auf Torcello zeigt deutliche byzantinische Einflüsse

 Murano 2 [F/G1]

Verlauf: Colonna › Palazzo Contarini › Ponte Ballarin › Palazzo da Mula › Museo del Vetro › SS. Maria e Donato

Karten: Seite 142, 145
Dauer: 3 Std.
Praktische Hinweise:
- Von den Fondamente Nuove verkehren u. a. die Linien 4.1 und 4.2 zur Insel Murano. Die Überfahrt dauert gut 10 Min.

Tour-Start:

Seit dem Mittelalter ist Murano das Zentrum der venezianischen Glasherstellung. Glasbläser in Murano zu sein war einst Ehre und Verpflichtung: Ehen mit Patriziern waren standesgemäß, das Berufsgeheimnis aber war durch die Todesstrafe geschützt, mit der auch das Verlassen der Insel geahndet wurde. Von der Insel Murano aus wurde ganz Europa mit Spiegeln, Kronleuchtern und edlen Gläsern beliefert, bis im 18. Jh. böhmisches Kristall den Markt zu dominieren begann. Seit dem Jugendstil passt man sich auch in Murano dem Zeitgeschmack an, ohne dabei die überlieferten Muster je aufzugeben – dadurch wurde die Insel weltberühmt, und ihre Zeitlosigkeit verzaubert immer wieder. Täglich kommen Tausende von Besuchern zum Shopping hierher.

Vom Haltepunkt **Colonna** führen die Fondamenta dei Vetrai am lombardischen **Palazzo Contarini**  aus dem 16. Jh. vorbei zum **Ponte Ballarin**  mit dem Markuslöwen. Hier wurden Gesetze und Verordnungen verlesen. Jenseits der Brücke schlendert man über den freundlichen Bresagio zum **Leuchtturm** (Faro), von wo die Vaporetti nach Burano ablegen. Der Spaziergang entlang der Fondamenta Manin führt zum hübschen Campo Santo Stefano mit seinen auffälligen Glasobjekten. Vom Campo führt die Brücke zur Kirche **San Pietro Martire**. Durch ein Renaissanceportal (Anfang 16. Jh.) betritt man das Innere, das mit der

»Madonna auf dem Thron« eines der Hauptwerke Giovanni Bellinis birgt. Einige Schritte nach links vor der Kanalbrücke Ponte Vivarini liegt der **Palazzo da Mula** . Von der Kanalbrücke aus sieht man die lombardische **Chiesa di Santa Maria degli Angeli**.

Um die Landspitze geht es rechts zum **Museo del Vetro**. Im ehemaligen Bischofssitz (17. Jh.) wird auf zwei Etagen mit rund 400 Exponaten, darunter kunstvolle Trinkgefäße, Vasen und Schmuckstücke, chronologisch die Entwicklung der Glasbläserkunst von der Antike bis in die Gegenwart dokumentiert (Fondamenta M. Giustinian 8, tgl.

A Palazzo Contarini
B Ponte Ballarin
C Palazzo da Mula
D SS. Maria e Donato

10–18, Nov.–März bis 17 Uhr, www.museovetro.visitmuve.it, 10 €). Das Museum bietet auch interessante Führungen durch die Sammlung an sowie zur renommierten **Glasschule Abate Zanetti** inklusive Demonstration der Kunst des Glasblasens und Vorführung eines Films (Anmeldung unter Tel. 041 73 95 86).

Die repräsentativ gestaltete Basilika **SS. Maria e Donato** ist ein unverfälscht erhaltenes Muster byzantinischen Bauens aus dem Jahr 1140. Eine hölzerne Schiffsbauchdecke überwölbt den Innenraum. Das Hauptaltarmosaik stammt aus der Entstehungszeit, ebenso der Pflanzen- und Tiermotive in leuchtenden Farben zeigende **Mosaikfußboden**.

Zwischenstopp: Restaurant

Ristorante dalla Mora ❶ €€ [G1]
Die Osteria ist berühmt für ihre *frittura mista* (frittierte Meeresfrüchte), aber auch für Fischgerichte mit saisonalen Zutaten. Diese werden auch auf einer schönen Terrasse direkt am Rio dei Vetrai serviert.
• Fondamenta Manin 75
Tel. 041 73 63 44
www.ristorantedallamora.com

SEITENBLICK

Glas aus Murano

In Syrien war im 1. Jh. die Glasbläserkunst entdeckt und sogleich perfektioniert worden, wie die Exponate im Glasmuseum Muranos eindrucksvoll beweisen. Im frühen Mittelalter erkannten dann die Venezianer im Zuge ihres Orienthandels, dass mit dem Luxusartikel Glas »glänzende« Geschäfte möglich waren. Sie begannen selbst zu produzieren – schon im Jahr 982 ist der erste Glasbläser urkundlich belegt. Und der Rohstoff? Er wurde importiert aus Syrien, Alexandrien, Catania und Spanien. Silizium und Feuer – das Mineral wird zusammen mit Metalloxiden, die die Farbe bestimmen, in sieben Stunden auf ca. 1300 °C erhitzt; erst dann ist die *fritta,* die Glasmasse, so weit, um dem *maestro vetraio,* dem Glasbläsermeister, zur Herstellung des Endprodukts gereicht zu werden. 1291 verlegte man wegen Feuergefahr die Glasherstellung von Venedig auf die Insel Murano, die 1923 eingemeindet wurde. 1862 wurde auf dem Eiland die Glasfachschule gegründet. Deren Nachfolgeinstitution, die Scuola del Vetro Abate Zanetti, lehrt bis heute traditionelle Techniken.

Eine der auf Murano angewandten Schmelztechniken, und zwar nicht die einfachste, heißt *murrino:* Dünne Glasstäbe in verschiedenen Farben werden zu einem polychromen Strang verschmolzen; je nach Zusammensetzung ergibt der Querschnitt dann das beliebte Millefiori-Motiv oder eine beliebige Farbkomposition. Durch die Aufteilung des Glasstrangs in etwa einen Zentimeter lange zylindrische Abschnitte entstanden zunächst lediglich bunte Glasstückchen, die aber als »venezianische Perlen« ebenfalls Weltkarriere machten und in entlegenen Landstrichen sogar als Zahlungsmittel benutzt wurden – noch heute kann man auf afrikanischen Märkten alte venezianische Perlen auftreiben.

Burano 3

Karte: Seite 145
Dauer: 3 Std.
Praktische Hinweise:
• Von den Fondamente Nuove verkehrt die Linie 12 nach Burano, Fahrzeit ca. 45 Min.

Torcello 4

Karte: Seite 145
Dauer: 3 Std.
Praktische Hinweise:
• Von den Fondamente Nuove verkehrt die Linie 12 nach Burano, von dort gelangt man mit den Linien 9 und 12 nach Torcello.

Knallblaue, rote, gelbe oder orange gestrichene Häuser **50 Dinge** ㉗ › S. 15 sind das Markenzeichen des malerischen Inseldorfs, das zugleich die Wiege der Spitzenstickerei ist, eines sehr ertragreichen Erwerbszweigs der Venezianerinnen seit dem 16. Jh.

An der Piazza Galuppi 187, in der ehemaligen Klöppelschule, zeigt das **Museo del Merletto** (Spitzenmuseum) die Entwicklung des kunstvollen Handwerks und besonders schöne Spitzen (Di–So 10–18, im Winter 10–17 Uhr, www.museomerletto.visitmuve.it, 5 €). Hier kann man auch Klöpplerinnen bei der Arbeit zusehen. Echte Burano-Spitzen gibt es nur noch hier und in exklusiven Läden. Das Billigangebot in der **Via Galotti** stammt meist aus Fernost.

Berühmtester Sohn Buranos ist der Komponist Baldassare Galuppi (1703–1785).

Zwischenstopp: Restaurant
Trattoria da Romano €€€
Raffiniert zubereitete Fischgerichte bekommt man in der historischen Trattoria, einem ehemaligen Künstlertreff.
• Via San Martino Destra 221
Tel. 041 73 00 30
www.daromano.it

Die ein wenig abgeschieden wirkende Insel war einst bedeutendes Handelszentrum (gegr. im 5. Jh.) und Bischofssitz. Nur zwei Kirchenbauten blieben erhalten. **Santa Maria Assunta,** die Basilika, wurde 639 gegründet und 1008 in ihrer heutigen Gestalt geweiht. Sie ist der älteste erhaltene Bau der Lagune. Um den imposanten Baukörper als Ganzes zu begreifen, muss man ihn umrunden. Nur die Südseite besitzt Fenster, von Norden kommt kein Licht – dekoratives Denken war damals unbekannt. Größter Kirchenschatz sind der Lettner – mit vier Reliefs aus der Zeit des 11. Jhs. und den Bildtafeln Marias und der zwölf Apostel (15. Jh.) – sowie die Mosaiken. Sie gehen im Presbyterium bis auf das 11. Jh. zurück. Das »Jüngste Gericht« an der Westwand entstand um 1190. Konzeption und Ausführung sind überwältigend.

Charakter und Gestalt der einmaligen Lagunenlandschaft werden erst beim Blick vom **Campanile** aus wirklich fassbar **50 Dinge** ㉚ › S. 15 (Kirche April–Okt. tgl. 10.30–17.30, Campanile bis 17, Nov.–Febr. 10 bis 16.30, Campanile bis 16 Uhr, einzeln jeweils 5 €, zusammen 9 €).

Lido – der Strand von Venedig

Lido 5

Karte: Seite 145

Dauer: 1 Tag

Praktische Hinweise:

• Von San Zaccaria fahren mehrere Linien zum Lido.

• Viele Strandabschnitte sind für Tagesbesucher nicht zugänglich, da sie den Hotelgästen vorbehalten sind. Ausnahme ist z. B. der Strandbereich unmittelbar neben dem ehemaligen Hotel Des Bains. Man erreicht ihn auf direktem Weg, wenn man vom Vaporettoanleger dem Viale S. M. Elisabetta folgt.

Die Taufkirche **Santa Fosca** neben der Basilika, ein Rundbau (um 1100), beweist mit ihren Säulenvorhallen byzantinische Eleganz. Im Inneren beeindrucken die Holzteile der Kuppelkonstruktion sowie die verlängerte Apsis.

Im **Museo di Torcello** bezaubern archäologische Funde aus der Region, Antiquitäten aus der Römerzeit und Kunstwerke des Mittelalters (Piazza Torcello, Di–So 10.30–17, im Winter 10–16.30 Uhr, 3 €).

Zwischenstopp: Restaurants

Am Weg vom Vaporetto-Anleger zur Piazza Torcello liegen mehrere Lokale, darunter die **Taverna Tipica Veneziana** € (Tel. 04 10 99 64 28) mit Garten (Selbstbedienung). Edel und teuer dagegen:

Locanda Cipriani €€€

Die Locanda Cipriani ist genau wie das Haupthaus auf der Giudecca berühmt für das vorzügliche Essen, das allerdings seinen Preis hat. Di geschl.

• Piazza Santa Fosca 29 | Torcello
Tel. 041 73 01 50
www.locandacipriani.com

Als 12 km langer Sandstreifen liegt der Lido zwischen Lagune und Meer und schützt das Stadtgebiet von Venedig vor den Fluten der Adria. Blühende Gärten, weiße Belle-Époque-Villen und luxuriöse Hotelpaläste zeugen von der Zeit, als sich hier die Hautevolée aus ganz Europa traf. Legendär sind das **Hotel Excelsior** und das mittlerweile geschlossene **Grand Hotel des Bains,** in dem Thomas Mann logierte und an seiner Novelle »Tod in Venedig« arbeitete. Luchino Visconti drehte hier 1970 die Filmadaption.

Der Glanz jener Tage ist verblasst; heute zieht der Lido in der Badesaison Tausende von Urlaubern an, die sich von der Sonne bescheinen lassen oder die vielfältigen Sportmöglichkeiten nutzen. Vor allem für Familien mit Kindern ist der flache Sandstrand der Insel geeignet, wenngleich die Wasserqualität zu wünschen übrig lässt.

Jedes Jahr im September finden im **Palazzo del Cinema** die Internationalen Filmfestspiele statt › **S. 125.** Sie bringen etwas Glamour auf die einst so exklusive Insel zurück.

Über Malamocco, den 1107 untergegangenen Seehafen, kann man mit dem Bus bis **Alberoni** an der Südspitze weiterfahren.

Pellestrina 6

Karte: Seite 145
Dauer: 1 Tag
Praktische Hinweise:
• Vom Lido regelmäßige Busverbindungen nach Pellestrina (der Bus setzt mit der Fähre über).

Pellestrinas Hauptattraktion sind die **Murazzi,** aus istrischem Marmor erbaute mächtige, bis zu 4 m hohe Steindämme. Sie wurden im 18. Jh. angelegt, um Venedig vor Hochwasser zu schützen. An der Uferlinie herrscht eine ländliche Atmosphäre: Die Einheimischen braten vor ihren Häusern auf dem Holzkohlengrill ihren Feiertagsfisch. Von der weit entfernten Metropole sind im Dunst nur die Türme der Stadtsilhouette zu erkennen.

Auf der Lagunenseite kann man bei glasklarem Wasser ruhig einen Sprung ins Meer riskieren – Pellestrinas weite Sandstrände gelten unter Venezianern noch als letzter Geheimtipp.

SEITENBLICK

Mit dem Burchiello über den Brenta-Kanal

Ursprünglich befuhren Handelsschiffe die Brenta. Viele Gasthäuser und Poststationen säumten das Ufer. Zwischen dem 15. und 17. Jh. begannen venezianische Adelsfamilien entlang dem 27 km langen Brenta-Kanal zwischen Fusina und Stra imposante Villen zu errichten, die von weitläufigen Park- und Gartenlandschaften umgeben waren. Der Besitz einer Sommerresidenz am Brenta-Kanal wurde rasch zu einem Statussymbol. Hier, fernab der kontrollierenden Macht der Serenissima, schuf man sich private Paradiese, bestens geeignet, um sich bei Musik und Theater zu amüsieren, aber auch um Großherzöge und Könige zu empfangen.

Mit dem Burchiello, einem geschlossenen Schiff, wurden bereits im 18. Jh. Reisende von Padua nach Venedig und umgekehrt befördert, es gilt als eine der ersten Linienverbindungen überhaupt. Bis heute können Besucher eine solche wunderschöne Schiffstagestour unternehmen. Ganz langsam, im Schritttempo, gleitet der moderne Burchiello über den Brenta-Kanal, vorbei an den prächtigen Villen, von denen Foscari-La Malcontenta, Barchessa Valmarana und Nazionale Pisani auch angelaufen und besichtigt werden. Es werden diverse Touren angeboten, einige enden in der zauberhaften Universitätsstadt Padua.

Das Schiff verkehrt Mitte März–Anf. Nov. Di, Do und Sa, zurück fährt man mit dem Bus. Mi, Fr und So kann man die Tour ab Padua in entgegengesetzter Richtung unternehmen. Preis: 99 €, zahlreiche Vergünstigungen; auch Halbtagestouren. Infos unter www.battellidelbrenta.it oder in der Touristeninformation.

Extra-Touren

 Venedig an einem Tag

Verlauf: Fahrt über den Canal Grande › Piazza San Marco › Basilica di San Marco › Dogenpalast › Riva degli Schiavoni › Gran Teatro La Fenice › Ponte dell'Accademia › Scuola Grande di San Rocco › Frari-Kirche › Campo San Polo › Rialtobrücke › Bahnhof Santa Lucia

Dauer: reine Gehzeit 4–5 Std.
Praktische Hinweise:
Ausgangs- und Endpunkt ist die Vaporetto-Station Ferrovia (Bhf. Santa Lucia). Für Tagesbesucher ideal ist das 24 Std. gültige Actv-Touristenticket, das man an ausgewählten Vaporetto-Anlegern kaufen kann. Vergünstigte Tarife erhält man bei Online-Reservierung im Rahmen des Venezia Unica City Pass › S. 153.

Sehr zum Verdruss der Stadtväter halten sich die meisten Besucher genau einen Tag in der Stadt auf. Viel zu wenig Zeit, um das faszinierende Venedig wirklich kennenzulernen, doch ausreichend, um einen ersten Eindruck von der weltweit einzigartigen Lagunenstadt mit ihren Kanälen, Palazzi und Kirchen zu gewinnen.

Als Auftakt sollten Sie über den **Canal Grande › S. 62** bis San Marco fahren, vorbei an grandiosen Architekturdenkmälern, repräsentativen Palazzi und Handelshäusern. Die **Piazza San Marco › S. 71** ist das Herzstück und touristische Zentrum der Stadt. Hier lohnt sich die Fahrt mit dem Aufzug auf den **Campanile › S. 75**, von wo aus man einen fantastischen Blick über Venedig genießt, bis hin zu den Alpen. Nehmen Sie sich auf dem lebhaften Markusplatz etwas Zeit für die Betrachtung der Fassade der **Basilica di San Marco › S. 75**, des **Dogenpalasts › S. 78** und der **Torre dell'Orologio › S. 83**. Schlendern Sie dann auf der Uferpromenade, der **Riva degli Schiavoni › S. 115** ein Stück gen Osten, werfen einen Blick auf die legendäre **Seufzerbrücke › S. 82** und die zum Greifen nahe, malerische Klosterinsel **San Giorgio Maggiore › S. 138** mit ihrem kleinen Jachthafen.

Den anschließenden Bummel in westlicher Richtung durch San Marco, zum berühmten **Gran Teatro La Fenice › S. 84** kann man bestens mit einer Shoppingtour verbinden. Zum Mittagessen empfiehlt sich das Antico Martini › **S. 35**. Weiter geht es über den **Ponte dell'Accademia › S. 67** nach Dorsoduro. Zauberhafte Geschäfte (Kunstgalerien, Kunsthandwerk, Masken etc.) laden zum entspannten Einkaufsbummel ein, und am quirligen **Campo Santa Margherita › S. 136** lässt sich herrlich verschnaufen. Vorbei an der Kirche San Pantalon mit sehenswertem Deckengemälde erreicht man in wenigen Minuten die **Scuola Grande di San Rocco** › S. 100, von dort ist es nicht weit zur Kirche **Santa Maria Gloriosa dei Frari** › S. 99. Weiter geht der Bummel über den zweitgrößten Platz Venedigs, den **Campo San Polo** › S. 95, wo die Kirche San Polo Tintorettos »Abendmahl« birgt, zum weltberühmten **Ponte di Rialto** › S. 90. Legen Sie in einem der zahlreichen Bàcari (Weinlokale) einen Stopp ein, bevor Sie durch San Polo und Santa Croce langsam wieder Richtung Bahnhof spazieren.

Der Ponte di Rialto

Verlängertes Wochenende in der Lagunenstadt

Verlauf: Piazza San Marco › Riva degli Schiavoni › San Giorgio Maggiore › La Fenice › Campo Santo Stefano › Rialto › Campo San Polo › Scuola Grande di San Rocco › Frari-Kirche › Rialtomarkt › Gallerie dell'Accademia › Collezione Peggy Guggenheim › Santa Maria della Salute › Punta della Dogana › Ghetto › Madonna dell'Orto › Ca' d'Oro › Canal Grande › Piazza San Marco

Dauer: 1. Tag: Gehzeit 3 Std., Besichtigung Basilica di San Marco ca. 30 Min., Besichtigung Dogenpalast ca. 2 Std.
2. Tag: Gehzeit 2 Std., für die Museen jeweils 2 Std. einplanen
3. Tag: Gehzeit 4 Std., Führung durch das Ghetto 40 Min.
Praktische Hinweise:
Um die Basilica di San Marco von innen zu besichtigen, sollte man sich spätestens um 8.30 Uhr anstellen. Auf angemessene Kleidung achten, Shorts und ärmellose, weit dekolletierte Tops sind tabu (Umhänge werden ausgeliehen). Rucksäcke und große Taschen sind bei der kostenlosen Gepäckaufbewahrung gegenüber dem Seiteneingang abzugeben. Rialto-Fischmarkt: Di–Sa vormittags.

Am **ersten Tag** ist die Besichtigung der **Basilica di San Marco** › S. 75 sowie des **Dogenpalasts** › S. 78 Pflichtprogramm. Anschließend trinkt man einen Kaffee im berühmten **Caffé Florian** › S. 74 oder speist im Do Forni › S. 88 und bummelt dann die **Riva degli Schiavoni** › S. 115 entlang. Der Blick auf die im Wasser schaukelnden Gondeln und auf die Klosterinsel **San Giorgio Mag-**

Ponte dei Sospiri: die legendäre Seufzerbrücke am Dogenpalast

giore › S. 138, wohin man von San Zaccaria aus übersetzen kann, ist einzigartig. Wieder zurück auf dem Markusplatz, bietet sich ein Einkaufsbummel in San Marco an – und die einstündige Besichtigung des Theaters **La Fenice** › S. 84. Nehmen Sie am Spätnachmittag auf dem **Campo Santo Stefano** › S. 86 einen Aperitif und fahren Sie dann ab Accademia bis **Rialto** › S. 90, 93.

Den zweiten Tag beginnt man mit einem gemütlichen Bummel durch San Polo. 5 Minuten Fußweg liegen zwischen der Vaporettostation San Silvestro und dem **Campo San Polo** › S. 95, wo Cafés zum Verweilen einladen. Danach bietet sich die Besichtigung der **Scuola Grande di San Rocco** › S. 100 und der Kirche **Santa Maria Gloriosa dei Frari** › S. 99 an, bevor man weiterschlendert zum quirligen **Rialtomarkt** › S. 94. Mit dem Vaporetto geht es von dort bis zum Anleger Accademia. Auf Kunstfreunde warten gleich vier Leckerbissen: die **Gallerie dell'Accademia** › S. 129, die **Collezione Peggy Guggenheim** › S. 130, das **Museum für zeitgenössische Kunst** an der **Punta della Dogana** › S. 132 und die grandiose Barockkirche **Santa Maria della Salute** › S. 130.

Am dritten Tag spaziert man vom Bahnhof aus durch den stillen Stadtteil Cannaregio. Durch das ehemalige **Jüdische Ghetto** › S. 107 werden Führungen angeboten, die auch einen Besuch des Museo Ebraico einschließen. Danach schlendert man zur Kirche **Madonna dell'Orto** › S. 110, in der Tintoretto begraben liegt. Weiter geht es zur prächtigen **Ca' d'Oro** › S. 111; als krönenden Abschluss fährt man von dort mit dem Vaporetto über den **Canal Grande** › S. 63 zum Markusplatz.

Die wichtigsten Kirchen Venedigs

Verlauf: Basilica di San Marco › Santi Giovanni e Paolo › Madonna dell'Orto › Santa Maria Gloriosa dei Frari

Dauer: insgesamt 7 Std.

Praktische Hinweise:

Wer mehrere Kirchen besichtigen möchte, sollte unbedingt den **Choruspass** erwerben, erhältlich an allen Choruskirchen › S. 153. Die nächstgelegenen Vaporetto-Stationen für die Kirchen sind: Basilica di San Marco – San Marco/Vallaresso; Santi Giovanni e Paolo – Rialto; Madonna dell'Orto – Madonna dell'Orto (im Norden von Cannaregio) oder S. Marcuola (auf dem Canal Grande); Maria Gloriosa dei Frari – S. Tomà.

Es sind grandiose Meisterwerke, die in den Kirchen Venedigs zu bestaunen sind, geschaffen von so berühmten Künstlern wie Bellini, Tizian oder Tintoretto … Wer die eindrucksvollen Kirchenbauten und ihre Kunstschätze besichtigen will, wird sich zwischen Superlativen bewegen. Und, was schwerer wiegt, er wird sich entscheiden müssen! Denn alle 115 Kirchen Venedigs zu besuchen ist schlicht nicht möglich. Folgende Gotteshäuser sollte man jedoch auf keinen Fall versäumen: die **Basilica di San Marco** › S. 75 mit der juwelenbesetzten Pala d'Oro und dem größten zusammenhängenden Mosaik der Welt (San Marco), die Kirche **Santi Giovanni e Paolo** › S. 120, Grabstätte von 27 Dogen und anderen wichtigen Persönlichkeiten der Serenissima (Castello), **Madonna dell'Orto** › S. 110, die berühmte Tintoretto-Kirche (Cannaregio), und natürlich **Santa Maria Gloriosa dei Frari** › S. 99, in der Tizian begraben liegt (San Polo). Wer diese sakralen Bauwerke nacheinander ansteuert, lernt zugleich vier der sechs Stadtteile Venedigs zumindest ausschnittsweise kennen.

Monument für den Dogen Giovanni Pesaro in Santa Maria Gloriosa dei Frari

Infos von A–Z

Ärztliche Versorgung

Gesetzlich Versicherte können mit der Europäischen Krankenversicherungskarte (EHIC) Arzt, Zahnarzt oder ein Krankenhaus konsultieren. Eine Liste deutschsprachiger Ärzte erhält man beim jeweiligen Konsulat. Medizinische Unterstützung für Touristen gibt es von April bis Oktober online unter www.healthvenice.com. Zum Ausschluss der Eigenbeteiligung ist der Abschluss einer privaten Auslandsreisekrankenversicherung zu empfehlen, die auch einen eventuell erforderlichen Rücktransport ins Heimatland abdeckt.

Apotheken *(farmacie)* sind Mo–Fr 8.30–12.30 und 15.30–19.30 sowie Sa 9–12.30 Uhr geöffnet.

Barrierefreies Reisen

Unter www.comune.venezia.it, Suchwort »Venezia Accessibile« findet man einen Stadtplan für Reisende mit Handicap. Der Zugang zu den Vaporetti ist relativ problemlos. Behindertengerechte WCs gibt es u.a. am Piazzale Roma, an der Rialtobrücke und im Dogenpalast.

Diplomatische Vertretungen

- **Deutsches Honorarkonsulat:** Santa Croce 251, Palazzo Condulmer, Fondamenta Condulmer, Tel. 04 15 23 76 75, Fax 04 12 44 84 69, www.rom.diplo.de
- **Österreichisches Honorarkonsulat:** Santa Croce 251, Palazzo Condulmer, Fondamenta Condulmer, Tel. 04 15 24 05 56, Fax 04 15 24 21 51, www.bmeia.gv.at
- **Schweizerisches Honorarkonsulat:** Dorsoduro 810, Campo S. Agnese, Tel. 04 15 22 59 96, Fax 04 12 44 38 63, www.eda.admin.ch/roma

Elektrizität

Netzspannung 220 Volt; für Steckdosen braucht man z.T. einen Zwischenstecker *(spina di adattamento)*, erhältlich im Fachhandel, im Supermarkt oder an der Hotelrezeption.

Gepäck

Am Piazzale Roma, bei San Marco und an einigen größeren Vaporetto-Stationen warten Gepäckträger. Den Preis sollte man am besten vorher aushandeln. Wer nur einen Tag in Venedig verbringt, kann sein Gepäck am Bahnhof Santa Lucia (Erdgeschoss), am Piazzale Roma (auf der Seite des Parkhauses, nahe Pullman Bar) oder am Flughafen (Erdgeschoss, außerhalb des Flughafens am Eingang E) abgeben (6/7 €).

Information

Auskunft vorab erteilt die Italienische Zentrale für Tourismus (ENIT), zuständig für den deutschsprachigen Raum:
- **ENIT Deutschland:** Barckhausstr. 10, 60325 Frankfurt/M., Tel. 069/ 23 74 34, Fax 069/23 28 94
- **Internet:** www.enit.de

In Venedig bekommen Touristen derzeit bei drei Büros Informationen:
- **Flughafen Marco Polo**
- **San Marco 71/F** (vis-à-vis dem Eingang zum Museo Correr)
- **Bahnhof Santa Lucia**
- **Infos im Internet:** veneziaunica.it, www.turismovenezia.it
- **Zentrale Rufnummer:** Tel. 041 24 24
- **Veranstaltungsinfos:** Aktuelle Veranstaltungstipps und Ausgehadressen findet man in der monatlich erscheinenden Gratisbroschüre »Un ospite di Venezia – A guest in Venice«, online unter www.unospitedivenezia.it.

Veranstaltungstipps, teils mit Möglichkeit zur Onlinebuchung, bieten auch die Webseiten www.venezia.net, www.veneziaunica.it und www.turismovenezia.it.

Kirchen

Bei Besichtigungen (nur außerhalb der Gottesdienste möglich) sollten Damen die Schultern bedecken, Herren lange Hosen tragen. Über Mittag sind Kirchen oft geschlossen.

Notruf

- Euronotruf (Carabinieri): Tel. 112
- Polizei (Polizia): Tel. 113
- Notarzt, Rettungsdienst: Tel. 118
- Feuerwehr: Tel. 115
- Pannendienst des ACI: Tel. 116

Öffnungszeiten

Die meisten Geschäfte sind von ca. 9 bis 20 Uhr geöffnet, evtl. mit Mittagspause ca. 13–16 Uhr. Sa ist normaler Werktag. Viele Läden haben auch So und Fei geöffnet, dafür manche Mo vormittags geschlossen. Banken sind Mo–Fr mind. 8.30–13.30 Uhr geöffnet. Wechselstuben im Bahnhof, um die Piazza San Marco und rund um die Rialtobrücke sind 9–19 Uhr durchgehend geöffnet.

Post

Die Postämter sind Mo–Fr 8–13.30 Uhr geöffnet. Briefmarken verkaufen Postämter und *tabacchi*-Läden.

Das neue Hauptpostamt *(poste centrali)* befindet sich in der Ca' Faccanon, Nähe Rialtobrücke (San Marco 5016).

GUT ZU WISSEN

- **Venezia Unica City Pass:** Diese neue »Venice Card« (der Name wechselt regelmäßig) kann man sich den eigenen Besichtigungsinteressen entsprechend selbst zusammenstellen. Bausteine sind z. B. Pässe für alle 11 städtischen Museen (24 €), für die Museen an der Piazza San Marco (19 €) und die Museen der Inseln (Glasmuseum Murano, Spitzenmuseum Burano, 12 €). Auch Einzeltickets, etwa für das Teatro La Fenice, das Marinemuseum oder das Jüdische Museum können vorbestellt werden, weiterhin Führungen und Ausflüge (u. a. Inseltouren und eine Bootsfahrt auf der Brenta), Actv- und Alilaguna-Zeitkarten sowie Flughafentransfers. Buchbar sind zudem Parkplätze, Abos für öffentliche Toiletten und WLAN-Internetzugang. Ermäßigungen gibt es für Familien sowie für Kinder und Jugendliche (6–29 Jahre) unter dem Stichwort

Rolling Venice. Der Venezia Unica City Pass kann bis kurz vor Reiseantritt online bestellt werden, man bekommt dann einen Voucher zum Ausdrucken, den man vor Ort gegen Tickets einlösen (Actv, Alilaguna) bzw. als Ticket verwenden kann (Museen, Kirchen). Detaillierte Infos unter www.veneziaunica.it.
- **Chorus Pass:** Der Pass (12 €) gewährt freien Eintritt in 16 Kirchen der Chorus-Vereinigung. Man bekommt ihn bei den Kirchen, online unter www.chorusvenezia.org oder als Baustein des Venezia Unica City Pass unter www.veneziaunica.it.
- **Actv-Zeitkarten:** An einigen Vaporetto-Anlegern kann man Zeitkarten für Touristen kaufen. **50 Dinge** ㊺ › S. 17. Sie sind erhältlich für 24 Std. (20 €), 48 Std. (30 €), 72 Std (40 €) und 7 Tage (60 €). Detaillierte Informationen unter www.actv.it, Bestellung auch online über www.veneziaunica.it.

Quittungen

Gemäß den italienischen Steuergesetzen muss man sich für Dienstleistungen, auch beim Bar-, Restaurant- oder Friseurbesuch, eine Quittung *(ricevuta fiscale)* ausstellen lassen und diese bei Nachfrage vorweisen können.

Rauchen

In Italien ist seit 2005 das Rauchen in öffentlichen Verkehrsmitteln, Geschäften, öffentlichen und privaten Büros, Kinos, Bars und Restaurants verboten.

Sicherheit

Papiere und größere Geldbeträge gehören – wie überall – in den Hotelsafe; man sollte auch keine Wertgegenstände im Auto liegen lassen und den Pkw nur auf bewachten Parkplätzen abstellen. Der Abschluss einer Reisegepäckversicherung ist ratsam. Alleinreisende Frauen können sich in Venedig generell sicher fühlen.

Stadtführungen

Wer zum ersten Mal Venedig besucht, sollte sich einer Stadtführung anschließen, die auch in deutscher Sprache angeboten werden. Neben normalen Stadtrundgängen gibt es auch thematische Führungen, Nachttouren, Gondelfahrten u. v. m. Nähere Infos bei der Touristeninformation, unter www.toursvenice-italy.com oder www.turive.it, zu privaten Führungen unter www.stadtfuehrungen-venedig.de, zu meist von Einheimischen angebotenen Gratistouren unter www.freetourvenice.com und www.venicefreewalkingtour.com.

Ein besonderes Erlebnis ist ein Hubschrauberflug: Man schwebt ganz nah über der Lagunenlandschaft und sieht den »Fisch« Venedig von oben. Je nach Wunsch am Tag oder zum Sonnenuntergang, Treffpunkt Riva degli Schiavoni. Infos: www.heliairvenice.it.

Telefonieren

Telefonieren kann man von öffentlichen Fernsprechern aus mit einer Telefonkarte *(scheda telefonica)*, die man z. B. in *tabacchi*-Läden erhält.

Mobiltelefone funktionieren in Italien per Roaming problemlos.

In Italien ist die mit 0 beginnende Ortskennziffer (041 für Venedig) fester Bestandteil der Teilnehmernummer, sie muss also immer mitgewählt werden.

Die Vorwahl von Italien nach Deutschland ist 00 49, nach Österreich 00 43, in die Schweiz: 00 41.

Toiletten

Im Centro storico gibt es ein gutes Netz öffentlicher Toiletten (ausgeschildert). Benutzung: 1,50 €.

Zoll

Innerhalb der EU-Länder sind Geschenke und Mitbringsel zollfrei; bei Waren für den persönlichen Gebrauch gelten als Richtmenge 800 Zigaretten, 10 l Spirituosen, 90 l Wein pro Person ab 15 bzw. 17 Jahre. Für Bürger der Schweiz sind zollfrei: 200 Zigaretten, 1 l Spirituosen und 2 l Wein, Geschenke im Wert von bis zu 300 CHF.

Urlaubskasse	
Espresso	1,20–5 €
Glas Bier	3–6,50 €
Glas Wein	1,50–4,50 €
Kugel Eis	2 €
Pizzaecke (zum Mitnehmen)	2,50–4 €
Vaporetto (Einzelfahrt)	7 €
Gondelfahrt (30–40 Min.)	ca. 80 € (maximal 6 Personen, mindestens 14 € / Person)

Register

Bildnachweis

Coverfoto: Kirche Santa Maria del Miracoli © Huber Images/Gräfenhain
Fotos Umschlagrückseite © Huber Images/Gräfenhain (links), Ernst Wrba (Mitte); Shutterstock/Cristalvi (rechts)

Alamy/Sylvia Cordaly Photo Libraty Ltd: 113; Alamy/DGB: 126; Alamy/grabshot.com: 28; Alamy/Matthias Scholz: 124; Alamy/Rolf Richardson: 151; APA Publications/Ros Miller: 49, 75, 146; Fotolia/silvia_b: 103; Fotolia/Goran Bogicevic: 57; Fotolia/Rob Bouwman: U2-4; Fotolia/JFL Photography: 89; Fotolia/Keko64: 140; Fotolia/Alisa Paun: 149; Fotolia/prescott09: 120; Fotolia/skal74: 69; Fotolia/Stevanzz: 14; Fotolia/Zechal: 123; Getty/Brett Charlton: 20; Getty/Simon Tarn: 60; Rainer Hackenberg: 114; Herbert Hartmann: 31; Huber Images/Guido Baviera: 102, 127, 128; Huber Images/Olimpio Fantuz: 27; Huber Images/Gräfenhain: 6, 40, 44, 82; Huber Images/Johanna Huber: 66, 80, U2-1; Huber Images/Sabine Lubenow: 79, 94; Huber Images/G. Simeone: 70; Jahreszeitenverlag/Stefano Scatà: 8 u; Gudrun Raether-Klünker: 8 o, 9 o, 9 u, 10, 30, 35, 53, 87, 108; laif/Celentano: 91; laif/Hemis: 139, laif/Christian Kerber: 116: laif/Dieter Klein: 65, 68, 134; laif/Zanettini: 13, 37; laif/Pablo de Zurita: 17, 38; LOOK-foto/age fotostock: 99; LOOK-foto/Sabine Lubenow: 62; Pixelio/J. Dobrindt: 64; Pixelio/Thomas Max Müller: 104, 110; Heidrun Reinhard: 76; Shutterstock/Berti 123: 23; Shutterstock: leoks: 150; Shutterstock/pecold: 58; Shutterstock/Radu Razvan: 24; Shutterstock/Anibal Trejo: 84; Web Gallery of Art: 92; Wikipedia CC: U2-2; Wikipedia/Didier Descouens: U2-3; Ernst Wrba: 54, 77, 100, 133, 137.

Liebe Leserin, lieber Leser,
wir freuen uns, dass Sie sich für diesen POLYGLOTT on tour entschieden haben.
Unsere Autorinnen und Autoren sind für Sie unterwegs und recherchieren sehr gründlich, damit Sie mit aktuellen und zuverlässigen Informationen auf Reisen gehen können. Dennoch lassen sich Fehler nie ganz ausschließen. Wir bitten Sie um Verständnis, dass der Verlag dafür keine Haftung übernehmen kann.

Ihre Meinung ist uns wichtig. Bitte schreiben Sie uns:
TRAVEL HOUSE MEDIA GmbH, Redaktion POLYGLOTT, Grillparzerstraße 12, 81675 München, redaktion@polyglott.de, Tel. 089/450 00 99 41
www.polyglott.de

1. aktualisierte Auflage 2017

© 2017 TRAVEL HOUSE MEDIA GmbH München
Dieses Buch wurde auf chlorfrei gebleichtem Papier gedruckt.
ISBN 978-3-8464-0174-3

Bei Interesse an maßgeschneiderten POLYGLOTT-Produkten:
Verónica Reisenegger
veronica.reisenegger@travel-house media.de

Bei Interesse an Anzeigen:
KV Kommunalverlag GmbH & Co KG
Tel. 089/928 09 60
info@kommunal-verlag.de

Redaktionsleitung: Grit Müller
Verlagsredaktion: Anne-Katrin Scheiter
Autorinnen: Christine Hamel, Gudrun Raether-Klünker
Redaktion: Anja Lehner
Bildredaktion: Barbara Schmid und Anne-Katrin Scheiter
Mini-Dolmetscher: Langenscheidt
Layoutkonzept/Titeldesign: fpm factor product münchen
Karten und Pläne: Theiss Heidolph und Kunth Verlag GmbH & Co. KG
Satz: Tim Schulz, Mainz
Herstellung: Anna Bäumner
Druck und Bindung: Printer Trento, Italien

PEFC
PEFC/18-31-506

TRAVEL HOUSE MEDIA

Ein Unternehmen der
GANSKE VERLAGSGRUPPE

Mini-Dolmetscher Italienisch

Allgemeines

Guten Tag.	Buongiorno. [buondsehorno]
Hallo!	Ciao! [tschao]
Wie geht's?	Come sta? [kome sta]
Danke, gut.	Bene, grazie. [bäne grazje]
Ich heiße ...	Mi chiamo ... [mi kjamo]
Auf Wiedersehen.	Arrivederci. [arriwedertschi]
Morgen	mattina [mattina]
Nachmittag	pomeriggio [pomeridseho]
Abend	sera [ßera]
Nacht	notte [notte]
morgen	domani [domani]
heute	oggi [odsehi]
gestern	ieri [järi]
Sprechen Sie Deutsch?	Parla tedesco? [parla tedesko]
Wie bitte?	Come, prego? [kome prägo]
Ich verstehe nicht.	Non capisco. [non kapisko]
Sagen Sie es bitte nochmals.	Lo può ripetere, per favore. [lo puo ripätere per fawore]
..., bitte.	..., per favore. [per fawore]
danke	grazie [grazje]
Keine Ursache.	Prego. [prägo]
was / wer / welcher	che / chi / quale [ke / ki / kuale]
wo / wohin	dove [dowe]
wie / wie viel	come / quanto [kome / kuanto]
wann / wie lange	quando / quanto tempo [kuando / kuanto tämpo]
warum	perché [perke]
Wie heißt das?	Come si chiama? [kome ßi kjama]
Wo ist ...?	Dov'è ...? [dowä]
Können Sie mir helfen?	Mi può aiutare? [mi puo ajutare]
ja	sì [ßi]
nein	no [no]
Entschuldigen Sie.	Scusi. [skusi]
Gibt es hier eine Touristeninformation?	C'è un ufficio di turismo qui? [tschä un uffitscho di turismo kui]
Haben Sie einen Stadtplan?	Ha una pianta della città? [a una pjanta della tschitta]
Wann ist ... geöffnet?	A che ora è aperto (m.) / aperta (w.) ...? [a ke ora ä apärto / apärta]
das Museum	il museo (m.) [il museo]

Shopping

Wo gibt es ...?	Dove posso trovare ...? [dowe posso troware]
Wie viel kostet das?	Quanto costa? [kuanto kosta]
Wo ist eine Bank?	Dov'è una banca? [dowä una bangka]
Ich suche einen Geldautomaten.	Dove posso trovare un bancomat? [dowe posso troware un bangkomat]
Geben Sie mir 100 g Käse / zwei Kilo Pfirsiche	Mi dia un etto di formaggio / due chili di pesche. [mi dia un ätto di formadseho / due kili di päske]
Wo kann ich telefonieren / eine Telefonkarte kaufen?	Dove posso telefonare / comprare una scheda telefonica? [dowe posso telefonare / komprare una skeda telefonika]

Essen und Trinken

Die Speisekarte, bitte.	Il menu per favore. [il menu per fawore]
Brot	pane [pane]
Kaffee	caffè / espresso [kaffä / esprässo]
Tee	tè [tä]
mit Milch / Zucker	con latte / zucchero [kon latte / zukkero]
Orangensaft	succo d'arancia [sukko darantscha]
Mehr Kaffee, bitte.	Un altro caffè, per favore. [un altro kaffä per fawore]
Suppe	minestra [minästra]
Nudeln	pasta [pasta]
Fisch / Meeresfrüchte	pesce / frutti di mare [pesche / frutti di mare]
Fleisch	carne [karne]
Geflügel	pollame [pollame]
Beilage	contorno [kontorno]
vegetarische Gerichte	piatti vegetariani [pjatti wedsehetarjani]
Ei	uovo [uovo]
Salat	insalata [inßalata]
Dessert	dolci [doltschi]
Obst	frutta [frutta]
Eis	gelato [dsehelato]
Wein	vino [wino]
Bier	birra [birra]
Wasser	acqua [akua]
Mineralwasser	acqua minerale [akua minerale]
mit / ohne Kohlensäure	gassata / naturale [gassata / naturale]
Ich möchte bezahlen.	Il conto, per favore. [il konto per fawore]

Meine Entdeckungen

....
....
....
....
....
....
....
....
....
....
....
....
....
....
....
....
....
....

Clevere Kombination mit POLYGLOTT Stickern
Einfach Ihre eigenen Entdeckungen mit Stickern von 1–16 in der Karte markieren
und hier eintragen. Teilen Sie Ihre Entdeckungen auf facebook.com/polyglott1.

Checkliste Venedig

Nur da gewesen oder schon entdeckt?

☐ **Magie der Morgenstunde**
Menschenleer und still, entfaltet die Piazza San Marco zur blauen Stunde ihr ganzes Potenzial zur großen architektonischen Geste. › S. 14

☐ **Geraubte Schätze**
Das Museo Marciano stellt die berühmten antiken Bronzepferde aus, die die Venezianer zusammen mit anderen Kostbarkeiten beim Vierten Kreuzzug in Konstantinopel erbeuteten. › S. 78

☐ **Paddeln in der Lagune**
Bei einer Kajaktour lässt sich die amphibische Wasserwelt rund um Venedig auf Augenhöhe entdecken. › S. 12

☐ **Einkauf direkt vom Schiff**
Beim an der »Brücke der Faustkämpfer« verankerten Gemüse-boot kann man sich mit frischem Obst und Gemüse von der Insel Sant'Erasmo eindecken. › S. 136

☐ **Geheimnisse der Staatsmacht**
Auf den Spuren des eingekerkerten Casanova wandelt man bei einer Führung durch die Hinterzimmer des Dogenpalastes. › S. 12

☐ **Auf einen Bellini in Harry's Bar**
Der dezent rosafarbene Cocktail-Klassiker schmeckt dort am besten, wo er erfunden wurde. › S. 13

☐ **Opernabend im Gran Teatro La Fenice**
Wo 1851 »Rigoletto« und 1853 »La Traviata« uraufge-führt wurden, schwelgt man auch heute wieder in Verdi-Klängen. › S. 84

Mitbringsel für Daheim

Espresso für Kenner: nach venezianischem Verfahren gerösteter Caffè del Doge › S. 13

Merkhilfe mit Stil: Notizbuch aus marmoriertem Papier von Il Prato › S. 16